T⁻
*341*

# INVENTIONS POVR BIEN

BASTIR ET A PETITS FRAIZ, TROVVEES
n'agueres par Philibert de L'orme
Lyonnois, Architecte, Conseiller & Aulmonier ordi-
naire du feu Roy Henry,
& Abbé de S. Eloy
lez Noyon.

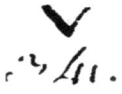

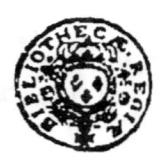

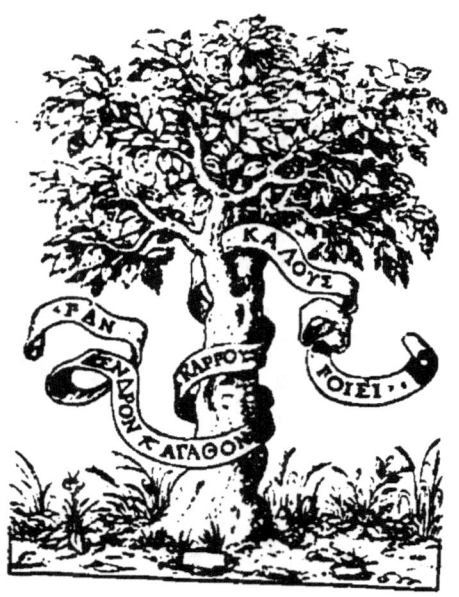

A PARIS,

De l'Imprimerie de Federic Morel, rue S. Iean
de Beauuais au franc Meurier.

M. D. LXI.

Auec priuilege du Roy.

# AV TRESCHRESTIEN ET
## TRESPVISSANT ROY DE FRAN-
### CE CHARLES NEVVIESME DE CE NOM,
#### PHILIBERT DE LORME ABBE DE
Sainct Eloy lez Noyon, son treshumble & tresobeissant
subiect & seruiteur,
Salut.

**S**IRE, du temps du feu Roy vostre treshonoré pere & Seigneur, de qui Dieu ait l'ame, apres que i'eus monstré l'experience des nouuelles Inuentions que i'auois trouué pour les basti-ments, auecques plusieurs choses utiles & ne-cessaires pour la perfection d'Architecture, il luy pleut, aimât le profit de son peuple & de-coration de son royaume, me commander en faire un liure: à fin que chacun peust enten-dre les façons & moiens d'y proceder, pour s'en pouuoir seruir & tirer quelque commodité. Ce que ie fis le plus diligemment qu'il me fut possible. Mais (helas) bien tost apres que ie l'eus faict, suruint ce grand desastre & insupportable perte de sa mort: qui me causa un tel mal & infortune, que ie fus empesché de pouuoir, pour lors, faire imprimer & publier ledict liure. Depuis aiant recouuert telle quelle li-berté de mon esprit, pour n'estre tant opprimé des solicitudes & tourmentes du môde, comme i'estois, & aussi que plusieurs Seigneurs & personnages tresdoctes m'importunoiét de mettre en lumiere mes-dictes Inuentions: pour satisfaire à la uolonté & commandement de mondict souuerain Seigneur & bon maistre, cognoissant le grand profit qui en pourra aduenir, & aussi que i'ay ueu & uoy tous les iours aucuns qui se ueulent seruir de mesdictes Inuétiós, n'y pou-uoir si bien paruenir qu'ilz ne facent quelques fautes: comme ordi-nairement il aduient à toutes nouuelles Inuentions : lesquelles ne peuuent estre si bien cogneues du commencement, qu'on n'y com-mette quelques erreurs. Ce consideré, & sur tout desirant le profit de

ma patrie,& singulieremét faire chose qui soit aggreable à uoftre maiefté, s i r e, i'ay bié uoulu laſcher(cóme on diƈt)la uoile aux uents,&
permettre que meſdiƈtes Inuentions ſoient ſoubz uoftre Royal nom
publiees,& à tous de bon uouloir communiquees.Eftimant,tout ainſi
que uoftre treshonoré pere & Seigneur a aimé la uertu , les uertueux,
& toutes choſes bonnes,que Dieu continuaĩt les graces, inclinations &
dexteritez que nous commençons à uoir en ce bas eage , uous ne pouuez faillir d'eftre ſucceſſeur de la meſme uertu & bonté. A quoy uous
ſolicitent les bons & uertueux enſeignemens que uous receuez iour-
nellement tant de la maiefté de la Royne uoftre treſſage & uertueuſe
mere:du Roy de Nauarre,Prince tresheureux &treſaimé de tous pour
ſon bon eſpriĩ & treſſage conſeil: que de meſſeigneurs les Princes qui
ſont ordinairement pres uoftre perſonne:ſemblablemét d'autres Seigneurs non moins prudents que bien aduiſez, ſans y oblier uoz prece-
pteurs & gouuerneurs treſdoƈtes & excellents. De ſorte que uous ne
pouuez,ne ſemblablemét Meſſeigneurs & plus que heroïques Princes
voz freres , ſuiuãt le treſilluftre ſang dont uous eftes iſſus, l'eſprit diuin
qui uous eft departy,& la naturelle bonté qui uous accompagne,eftre
autres que treſuertueux,tresbons & treſaccomplis, ne doutant que ſi
Dieu uous dóne la grace de uiure,& uouloir cótinuer,que uous n'aurez faute de ſageſſe & bon conſeil pour l'entretien des ſages & bien aduiſez qui ueillent & trauaillent pour le bien des affaires de uoftre Royaume : de magnanimité & hardieſſe pour l'eftime, honneur, & remu-
neration des uaillants & experimentez au faiƈt des armes:de ſçauoir &
vertu, pour la cognoiſſance & merite des doƈtes & uertueux,qui en
leurs honneftes labeurs taſcheront à uous complaire & faire ſeruices.
Brief , uous n'aurez faute d'amitié pour attirer les cueurs de uoz
ſubieƈts & les aimer ( eftant reciproquement aimé d'eux) ueu que
uous meſmes eftes la uraye ſource d'amitié,qui conuie ceux qui ne
uous ueirent iamais uous aimer & reuerer. Pour tant de graces,s i r e,
& tant de perfeƈtiós que le createur uous a departies, & accroiftra encore,uous pouuez recognoiftre qu'il uous aime,& conduit par ſa ſain-
ƈte bonté, tenant uoftre cueur en ſa main, qu'il tournera ou bon luy
ſemblera,comme eſcrit le ſage Salomon. Croiez aſſeurément qu'il
ofte aux Roys & Princes,qu'il n'aime point, l'eſprit auec les gens de
bien,ſages,uertueux & doƈtes,qui ont bonne ame,& bon conſeil, ſub-
ftituant en leur lieu perſonnages uicieux, mauuais & deprauez: leſquelz à la fin il met en confuſion & perdition.Dóc uous uoiez,s i r e,
cóme la diuine bóté uous tieĩt la main,& dóne toutes choſes utiles &
profitables,tãt à uous qu'à uoftre peuple: vne mere, en laquelle reluit
la ſageſſe de Hefter,la magnanimité de Iudith,& la prudéce de cefte tãt
bóne & tant renómee mere de ſainƈt Loys,un de uoz anceftres & pre-

deceſſeurs. Il uous donne pareillement des Princes qui uous peuuent seruir d'exemple & miroir, sages cõme un Auguſte, belliqueux cõme vn Ceſar, & heureux comme un Alexandre, tous bien aduiſez, & deſirants uoſtre grãdeur, auec l'entretenemét de uoſtre Royaume en paix & uraye religion. Que reſte il, s i r e, ſinon louer Dieu & le remercier de tant de biens qu'il uous enuoye & diſtribue? Voire en telle abõdance qu'vn chacun croit qu'il ueut faire quelque grande œuure en uous. Mais entre une infinité d'excellences, leſquelles il uous dõne en ce petit eage, nous auons en admiration, que ſi uoſtre treshonoré pere & Seigneur a eſté bon, uoire la bonté meſmes, aimant ſon peuple & faiſant bien aux hommes qui le meritoient, uous monſtrez par imitation de ſes uertus eſtre ſon legitime filz & uray heritier. Les anciens ont deſiré quatre choſes, entre pluſieurs autres, à un Roy & Prince, deſquelles nous recognoiſſons en uoſtre adoleſcence certaines ſemences ia profiter & prendre accroiſſement. La premiere eſt Sageſſe, par laquelle le Prince faict ce qu'il doit, & non ce qui eſt en ſa puiſſance & autorité, ainſi qu'Ariſtote remõſtroit à ſon diſciple Alexãdre le grã. La ſeconde eſt Iuſtice, deuë non ſeulement aux domeſtiques du Royaume, mais auſſi aux ennemis & eſtrangers, comme teſmoigne ſainct Ambroiſe. La troiſieſme eſt Liberalité ou largeſſe, qui eſt une des principales perles de la courõne d'un Roy: tellement que l'Empereur Auguſte diſoit, que Liberalité ſeule de toutes les uertus le rédroit immortel. La quatrieſme eſt Clemence & bonté, à laquelle toutes autres uertus ſont honorable lieu & place, ainſi qu'eſcrit ſainct Gregoire. Mais ſur tout, faut qu'un Prince ne ſoit ignorãt & ſans lettres, car autremét il ſera comme vne nauire flottant en mer ſans gouuerneur & gouuernal. Conſiderant doncques, s i r e, tant de belles & ſingulieres uertus ſe manifeſter en uous par la ſaincte grace & bonté de Dieu: & que i'auois propoſé (ſans le deſaſtre aduenu) dedier mon preſent labeur & liure à la Maieſté de uoſtre feu treshonoré pere & Seigneur, à bõ droict appellé d'un chacun, le bon Roy, mon treſſouuerain Prince, bon ſeigneur & maiſtre: à qui mieux le pourrois-ie dedier qu'à vous, qui eſtes ſa propre facture, ſon cueur, ſon ame, ſon propre uouloir & ſes meſmes uertus? Ie l'offre doncques & treshumblemét preſente nõ aux cendres mortes & ſepulchre triſte de ce tant bon Roy, ains à uoſtre Maieſté ſa uiue image & uraye reſemblance: en la bonté & ⌐onfiãce de laquelle ie uous ſupplie treshumblement uouloir prendre & accepter mondict labeur & Inuention, autant humainement & gracieuſement qu'euſt faict ce bon Roy uoſtre treshonoré pere, ſil eſtoit uiuant. Lequel par pluſieurs fois i'ay ueu prédre & receuoir des pauures & petis, petites choſes, autant aggreablement, que des riches & grands, choſes grãdes & precieuſes. A l'exéple de ce grã Roy des Perſes Artaxerxes,

ou bien de l'Empereur Vaſpaſian qui diſoit, n'eſtre rien plus uitupe-
rable à vn Prince, que laiſſer departir de ſa preſence une perſonne
(quelle quelle ſoit) en triſteſſe & deſolation: à laquelle il doit monſtrer bon uiſaige accompaigné d'une main liberale & munifique.
Ainſi que pour uoſtre ieune eage uous commencez tresbien & ſage-
ment faire auecques une commune louange & contentement de tout
uoſtre peuple. Qui faict qu'un chacun a grande expectation en uoſtre royale Maieſté conduicte de la grace & faueur de Dieu, qui uous
a eſleu pour regir, & uous a donné le ſceptre ſoubz lequel uoſtre peuple eſpere uiure en paix & tranquille religion. Vous rendant telle o-
beiſſance qu'il doit, & recognoiſſant comme ſon chef & naturel Seigneur preordonné de Dieu pour dominer & commander, ainſi que
eſcrit l'Apoſtre ſainct Paul. Et quand à ceſte mienne œuure & Inuention que ie uous preſente en toute humilité, faut que ie confeſſe,
SIRE, que ſ'il y a quelque choſe de bien, ce n'eſt de moy, ains de la
grace de Dieu, ſçachant tresbien que de moy ie ne puis inuenter, excogiter ou faire choſe, quelle quelle ſoit, ſans eſtre preuenu de luy & de ſa
pieté. Et d'autant que la Maieſté du feu Roy uoſtre treshonoré pere &
Seigneur prenoit un ſingulier plaiſir & contentement à ceſte nouuelle
Inuention, partie d'Architecture, & que pluſieurs fois de ſa propre
bôté & uolôté, il m'en tenoit propos auec admirations de l'artifice qui
y eſt: de ſorte qu'il me commanda en faire l'experience à ſon chaſteau,
& le uoſtre, de la Muette: Cela, SIRE, me faict penſer que ladicte Inuétion ne ſera moins aimee de uous qu'elle a eſté de luy. Et que de uoſtre
grace vous y prédrez autât de plaiſir qu'il a fait, côme auſſi feront ceux
qui ſe diſoient & diſent l'aimer, ueu que c'eſt office de tresbonne nature & amitié parfaicte, d'aimer non ſeulement les perſonnes en leur uie,
mais encores apres leur mort celebrer & honorer ce qu'elles ont aimé.
Suppliant tous genereux eſpritz qui ſ'aiderôt de ceſte Inuétion, en ſçauoir gré à uoſtre Maieſté, & ſignâment à celle de uoſtredict treshonoré pere & Seigneur, qui me commanda deuant ſon deces, ainſi que
i'ay dict, la mettre en lumiere, pour le profit public, & decoratiô de ſon
Royaume & le uoſtre. S'il en prouient quelque fruict, la louange ſoit à
Dieu, non à moy. Vous ſuppliât de rechef treshumblement, SIRE, ſi
i'ay pris la hardieſſe de publier le preſent œuure ſoubz uoſtre nom, &
ſauuegarde de uoſtre Maieſté, ne le trouuer mauuais, & uous perſuader que ie l'ay fait, me côfiât que tout ainſi que uous aimez uertu, uous
la prendrez en protection. Non que pour ce ie la me vueille attribuer,
ains pluſtoſt à fin que ce ſoit exemple aux doctes & plus uertueux que
moy, de uous addreſſer cy apres quelques œuures qui rendent uoſtre
treſilluſtre nom immortel. Si ie uoy que uoſtre Maieſté aye quelque
contentement de ceſtuy cy, & y prenne plaiſir, ie m'efforceray bien

toſt en mettre en lumiere d'autres que i'ay entre les mains pour la perfection de ce qui eſt requis à toute l'Architecture, qui ſeront trouuez
d'autant grande importance, & plus, que le preſent. Ie ne fais doute
qu'aucuns enuieux, deſquelz (ainſi qu'il a pleu à Dieu) ie n'eus iamais
faute, pourront icy contredire & calomnier quelque choſe, ſoit par
mauuaiſe uolonté, ou ignorance, ou pour monſtrer qu'ilz ſont fort
habiles, mais ie ne me ſoucieray pourueu que uoſtre Maieſté ſoit cô-
tente, & appreuue mon labeur. Et ou ie ſerois à reprendre (côme certes ie ſuis en beaucoup de choſes) ie prie mes repreneurs conſiderer
qu'eux & moy ſommes hommes, c'eſt à dire fragiles, & ſubiectz à pe-
cher & faillir, & par conſequent à eſtre tous repris & calomniez, ainſi
que peut iuger uoſtre Maieſté, S I R E, iaçoit qu'encores pour ſon tendre & ieune eage elle n'aye parfaictemét appris ce qu'un Roy doit bié
cognoiſtre & ſçauoir. Suppliant l'Omnipotét, Dieu de tout bien, toute conſolation & miſericorde, ſeul createur de toutes choſes, qui ſçait
donner les graces ou il luy plaiſt, qu'il vous vueille departir la ſageſſe
de Salomon, la magnanimité de Charlemaigne, un de uoz predeceſ-
ſeurs, la dexterité de Ceſar, la force de Sanſon, le ſçauoir de Platon, l'e-
loquence de Ciceron, la prudence d'Aaron, la conſtance de Socrates,
la felicité d'Auguſte, & auecques accroiſſement d'eage, accroiſſement
de toutes graces & uertus, à ſon honneur, & repos non ſeulemét de uoſtre France, mais de toute la Chreſtienté: de laquelle uous, & uoz pre-
deceſſeurs iuſques icy portez le nom de Treſchreſtié. Lequel Dieu par
ſa diuine bonté uous vueille continuer, & donner la grace purement
& ſainctement le ſouſtenir, repreſenter & defendre, à l'exaltation de ſa
gloire, entretenement de la uraye religion, repos de uoſtre peuple, &
immortalité de uoz uertus.

A Paris le V I I I. iour de Septembre, M. D. L X I.

M Y Lecteur, apres auoir par plusieurs iours pensé une infinité de belles Inuentions d'Architecture, tant pour satisfaire à la maiesté du feu Roy Henry, mon tressouuerain
Prince, Seigneur & bon maistre, que complaire au uouloir
& commandement de plusieurs Princes & Seigneurs, sou-
uentesfois ie suis demouré tout coy, & presque en arriere,
apres auoir faict mes deseins. Pour autant que ie uoyois leurs excellences, de-
sirer grands & excellets edifices (comme il est tresraisonnable) pour leur grandeur & multitude de gentilzhommes & seruiteurs qui les suiuet & ont affaire auec eux à fin de leur faire treshumble seruice : aussi que ie considerois la necessité & peine qui est auiourdhuy, & sera desormais, pour trouuer si grands
arbres qu'il fault pour faire poutres, sablieres, pannes, cheurons, & autres telles pieces requises pour les logis desdicts Princes & Seigneurs : d'auatage que
ie preuoyois grade deffaillance non seulement desdic⸱ grads arbres, mais aussi
des moiens, tels qu'il faudroit pour faire les couuertures de si grands logis. Qui
m'a faict penser de longue main comme lon y pourroit remedier, pour satisfaire aux entreprinses de leurs Maiestez : et sil seroit possible en telle necessité trouuer quelque inuention de se pouuoir aider de toutes sortes de bois, & encores
de toutes petites pieces, & se passer de si grads arbres que lon a de coustume met
tre en œuure. Surquoy il m'aduint un iour d'en toucher quelque mot à la maiesté du feu Roy Henry estant à table. Mais quoy? les auditeurs & assistans
pour n'auoir ouy parler de si nouuelles choses & si grande inuention, tout à un
coup me reculleret de mon dire : comme si i'eusse uoulu faire entendre à ce bon
Roy quelques menteries : lesquelles i'ay tousiours eu en grandissime horreur &
detestation : estimant que tout ainsi que le corps uault peu sans l'ame, aussi faict
la bouche sans uerité. Voiant donques faire un iugement si soudain de ce qui
n'estoit encores entendu, & que la maiesté du Roy pour lors ne disoit mot, ie de-
liberay ne plus rien mettre en auant de tels propos, commandant de proceder
aux bastimens comme lon auoit accoustumé. Quelques temps apres, la maiesté de la Royne mere delibera faire couurir un ieu de Palmaille à son chasteau
de Monceaux, pour donner plaisir & contentement au feu Roy Henry, duquel
elle estoit fort curieuse, comme une prudete Dame & bonne Princesse, aimant
parfaictement son mary. Et uoiant qu'on luy en demandoit si gr.nde somme
d'argent, celame feit reparler de ceste inuention : & fut ladicte Dame seule
cause que ie la uoulu esprouuer : desirant grandement pour lors, comme ie fais
encores, luy faire treshumble seruice. Doncques i'en fis l'espreuue au chasteau
de la Muette, ainsi que plusieurs ont ueu, & en autres diuers lieux selon la façon que i'escris en ce present liure. Laquelle espreuue se trouua si belle, & de si
grande utilité, que lors chacun delibera en faire son profit & s'en aider : uoire

ceux qui l'auoient contredicte, mocquée & debattue. Laquelle chose estant
uenue iusques aux oreilles de la maiesté dudict feu Roy, qui auoit ueu & grandement loué ladicte espreuue, il me commanda en faire un liure pour estre im-
primé, à fin que la façon fust intelligible à tous, pour la decoration de son Royau
me. Auquel commandement ie n'ay uoulu faillir, aimant plustost m'exposer au
iugement des hommes, que desobeir à la Maiesté d'un si grand Prince & Seigneur. Cognoissant fort bien qu'il n'y aura que trois personnes qui parleront de
moy, & uoudront iuger de ceste Inuention: mes amis, qui en diront bien pour
l'affection qu'ilz me portent: les ignorants, qui en parleront aussi tost bien que
mal, & mettront plusieurs, mais cecy, mais cela: & ceux qui me portent enuie,
qui en dirõt ce qu'ilz uoudront, cõme quereleux, & malicieux, qui ueulent les
paroles par poix & par mesure. I'espere que les hõmes uertueux, bons & pacifi-
ques qui sçauent considerer & priser le bien, trouueront mon intention & inuention bonne: & à tels i'addresse mes escripts, & non aux detracteurs qui ne
sçauent que mesdire, & rien faire d'importance ou d'honneur. Les œuures que
i'ay commandé & ordonné faire depuis l'eage de quinze ans iusques icy,
soubz diuerses sortes & façons par uray art d'Architecture, ie ne diray en ce
Royaume, mais aussi en plusieurs autres, parleront suffisamment pour moy, &
laisseront ample tesmoignage de mes capacitez, sçauoir & artifice. Ce que ie
dy non par iactance, ains plustost pour en rendre gloire & honneur à Dieu,
autheur de tous biens, toutes uertus, toutes graces, & tous dons de perfection
& excellence, ainsi qu'escriuent les Apostres, sainct Paul & sainct Iacques: &
ne ueux icy oblier que mon labeur & estude a tousiours tédu à ce but & fin de
pouuoir faire quelque aggreable seruice à mon souuerain Roy, Princes & Seigneurs, de ce Royaume, & generalement à toute ma patrie, laquelle surpasse
toutes amitiez, & doit estre à un chacun comme pere & parent: ainsi qu'apres
Ciceron escrit sainct Augustin. Et iaçoit que communement on ne soit prisé &
estimé en sa patrie, comme tesmoigne Iesuchrist en son Euangile, ie n'ay pource delaissé y uouloir uiure, & luy communiquer liberalement mon industrie,
& le talent que i'auois receu de Dieu, pour luy estre distribué, comme aux
autres. Qui est la cause que ie luy ay mis en lumiere le present œuure. Suppliãt
tous ceux qui s'en aideront, uouloir plustost regarder l'usage, profit & bien qui
en aduiendra, que le langage, diction, ou elegance qu'il contiendra. Ie feray ser
ment, & protesteray deuant Dieu, que toutes les fois que i'ay prins la plume
pour le reueoir, i'ay tousiours esté detourné par infinies fascheries, troubles, &
ennuits qui se presentoient, & de iour en iour me suruenoient, desquels (ainsi
qu'il a pleu à Dieu) ie n'ay eu faute depuis le deces de feu mõ souuerain Prince,
Seigneur & maistre, le Roy Henry: ainsi que sçauent, auec mes amis, plusieurs
gens de bien. En quoy ie me suis efforcé d'imiter la Palme, de laquelle Aristote,
Plutarque & Pline escriuét, que tant plus elle est pressee & chargee, d'autant
plus elle resiste à la charge qu'on luy donne: plustost se pliant & courbãt soubz
le fais, que rompant ou esclattant. Ce que i'ay estudié faire, par la grace de

Dieu: car estant à tort chargé, rechargé & surchargé de calomnies, trauerses, ennuits & desplaisirs, ie les ay virilement soustenus, & sans flechir constamment portez. Mais voirement quelqu'un me voiant commencer à escrire d'Architecture en ceste façon, dira que ie resemble celuy qui a vne belle statue d'or ou d'argent, & pour l'amitié qu'il porte à la republique il luy en donne seulemēt un bras, qui est vne chose imparfaicte de tout le corps, lequel n'est beau sans l'armonie entiere de tous ses membres & parties. Considerant cela, ie me deliberois ne donner le present œuure, que premier ie n'eusse parfaict tout ce qu'il faut pour l'accomplissement du corps vniuersel de ladicte Architecture (representee par ladicte statue) & non vne partie d'icelle, comme pourroit estre ceste icy. Ce que i'eusse faict, n'eust esté que plusieurs Seigneurs, & hommes doctes mes amis, m'ont tant pressé de mettre en lumiere ceste dicte partie, que ie n'ay peu honnestement leur côtredire. Aussi que ie voyou chacun se vouloir aider de ceste Inuention, pour le grand profit & commodité qu'ilz y trouuent: & s'en aidant errer en plusieurs choses, par faute de la bien entendre. Pour satisfaire doncques à tous, comme aimant le profit d'un chacun, ie me suis accordé faire imprimer le present liure, qui declare bien, & au lôg la façon de ladicte Inuention. Comme ie voirray qu'il sera bien receu, & que lon m'en sçaura gré, ie don neray bien tost le surplus pour la perfection d'Architecture illustree & accom paignee de tous ses membres necessaires. De sorte que tous ceux qui font profession de ladicte Architecture, comme aussi tous ouuriers, & autres qui voudront faire bastiments, en tireront profit inestimable auecques grande commodité, dont ie seray fort aise.

## IN NOVAM ARCHITECTANDI
### ARTEM, ANTONII MIZALDI
#### Monluciani Carmen.

DESINE miratrix priscorum Fama dierum,
   Nunc iactare tuos, & celebrare tua.
Pone supercilium, ac erectas deprime cristas:
   Ecce, tuis rebus res noua maior adest.
Quantumcunque uoles mirare inuenta tuorum
   Artificum, est sane quod mage suspiciam.
Quantumcunque uoles molem mirare stupendam
   Pyramidum, est sane quod mage suspiciam.
Quantumcunque uoles mirare palatia Croesi
   Diuitis, est sane quod mage suspiciam.
Quantumcunque uoles orbis miracula septem
   Mirare, est sane quod mage suspiciam.
Quantumcunque uoles miretur Regia Solis
   Praeclara, est sane quod mage suspiciam.
Suspicio hoc ce nouum Regis bonitate repertum
   Inuentum, inuento quolibet eximius.
Suspicio & miror quod tectis sphaerica forma
   Aptetur, nullis cognita temporibus.
Suspicio & miror lignorum frustula parua
   Posse uel ingenteis aedificare domos.
Suspicio mirorque trabes, & crassa tigilla,
   In tectis nullum mox habitura locum.
Suspicio magnas paruo componier aedes,
   Quas aere innumero condere moris erat.
Suspicio & miror Regum sublimia tecta
   Arte noua fieri, nobiliúmque domos.
Miror & admiror quam dat PHILIBERTVS ABVLMO
   Structuram, antiquos sic latuisse uiros.
Foelix hoc partu nimium es, nimiúmque superba
   Gallia, nam nomen tollit ad astra tuum.
Scilicet haec ueteres si nossent, non retulissent
   Inuentum ad coelos, artificémque simul?
Non thermas, circos, arceis, spatiosa theatra,
   Prompte erexissent, amphitheatra quoque?
Non Caesar ponteis facili, paruóque labore
   Curasset rapidis condere fluminibus?
Non Nero struxisset miranda palatia? Crassus
   Aedeis, ut dicunt, de meliore nota?
Haec si Vitruuius sciuisset nobilis ille,
   Et quater excellens, an tacuisse putas?
Ergo, miratrix priscorum Fama uirorum,
   Ne iactato tuos, nec celebrato tua.

# LE PREMIER LIVRE DES
## NOVVELLES INVENTIONS POVR
### BIEN BASTIR ET A PETITZ FRAIS,
trouuees n'a gueres par M. PHILIBERT
DE LORME Lyonnois, Architecte,
Conseiller & Aulmonier ordinaire du feu Roy HENRY, &
Abbé de Sainct Eloy
lez Noyon.

**P**LVSIEVRS ont accoustumé d'user au commencement de leurs liures de quelque prefa-
ce, contenant les louanges, excellēce & commoditez de l'art ou sciēce de laquelle ilz de-
liberent escrire. Ce que ie ferois icy tresuolō-
tiers, selon la petite capacité de mon esprit,
n'estoit que ie pretend, auecques l'aide de
Dieu ( duquel toutes graces procedent ) mettre de brief en lumiere une œuure qui com-
prendra tout ce qui est necessaire pour la perfection d'Architecture. Ou ie n'oblieray chose , de laquelle ie me
pourray souuenir, qui serue & soit propre pour illustrer ladicte Archi
tecture : la poursuiuant d'un bout en autre de grande gayeté de cueur,
pourueu que i'aperçoiue ce premier vol de mes escripts auoir trouué
lieu aggreable enuers les doctes, & vertueux. Qui sera cause, qu'icy re-
trenchant tous preambules accoustumez, i'entreray de droict fil en
matiere, & deuant toutes choses escriray le plus brieuement & facilement qu'il me sera possible, comme il fault cognoistre & choisir les
bons arbres pour s'en sçauoir aider aux nouuelles inuentiōs, lesquelles
ie delibere icy familierement descouurir, & proprement enseigner,
comme plusieurs autres choses, Dieu aidant.

Prolog
acoustu
aux com
cemens
liures.

Brieueté
uec facili
estre aggr
ble aux l
cteurs.

B

*Pour cognoiſtre les bons arbres en la Foreſt, & comme il les fault ſçauoir choiſir.*

## CHAPITRE I.

En premier lieu fault cognoiſtre les quatre angles du Ciel, autrement, les quatre parties du Monde, ſçauoir eſt, Orient, Occident, Midy, & Septentrion: qui ſe peult faire par un Quadrant ſolaire, aiant une eſguille aimantee, ou autrement. Et entrant en la Foreſt, ne fault aller du coſté d'Occident, car de ceſte part le bois y eſt le pire, & ſe trouue communément tortu, comme abortif, ſubiect à rompre, à ſeſchauffer, à iarſures, à porter plus d'Aulbours que les autres, & pluſtoſt eſtre gaſté & pourry que celuy qui eſt pris es parties de Midy, Orient, & Septentrion. Concluſion, ie n'ay iamais ueu en France prendre bois de ce coſté, qui couſtumierement uaille gueres à la charpenterie, & moins à la menuiſerie, pour eſtre ſi ſubiect à ſe gaſter. Et ſe cognoiſt, par ce qu'il a le fil du bois tortu, allant d'une part & d'autre: tellement qu'il ſe rend frangible. Ce qu'on uoid à l'eſcorce qui eſt touſiours pleine de craſſe, & ua de trauers toute raboteuſe. Ie ne dy pas qu'il ne ſen puiſſe trouuer quelques uns bós, ça & là, pour eſtre couuertz de quelque colline, ou autrement. Si eſt-ce que ce coſté eſt generalement le pire de la Foreſt, ou buiſſon. Et uous diray d'auantage, que i'ay ueu beaucoup de fois par experience en diuers lieux, que tout ce que ie pouuois trouuer du coſté d'Occident, tant bois, pierres, eaue de fontaine ou de puis, que terre à faire brique ou tuille, tout n'en ualloit iamais rien, ou bien peu, au pris de ce qu'on trouue de la partie Orientale & Septentrionale. Principalement quand c'eſt au pied, ou contre une montaigne ou colline qui couure le Septentrion & l'Orient. Et ſur ce propos, quelque iour, ſil plaiſt à Dieu m'en donner la grace, & que ie cognoiſſe mon preſent labeur auoir eſté aggreable, i'eſcriray d'auātage: pourſuiuāt ce qui eſt requis à l'Architecture. Oulon uoirra que les baſtimens que pluſieurs font du coſté d'Occident, ſont ſouuent en diuers dangers, pour n'entendre comme il les fault dreſſer & perçer, & de quelle partie ilz doiuent eſtre pris pour la conſeruation d'une chacune choſe, ſelon ſon naturel. Autremēt en aduiennent ſouuent grandes maladies, & autres incommoditez, autant incogneuës des habitans, que de ceux qui font les logis. Quelques uns diſent bien, c'eſt une maiſon malheureuſe, on y eſt touſiours malade ou infortuné & ne ſçauent que c'eſt: mais quelque fois ie le monſtreray, auec l'aide

### Marginalia

Cognoiſſance des quatre angles du Ciel eſtre neceſſaire à un Architecte.

Les bois regardāt l'Occidét, mauuais.

Probatiō de la mauuaiſté du bois regardāt l'Occident.

Choſes trouuees du coſté d'Occident, riē ualables, ou biē peu.

Promeſſe de l'Auteur.

Grandes incōmoditez aduenir poar la mauuaiſe ſituation des maiſons.

du Createur : & l'euſſe faict de long temps, n'euſſent eſté les grandes occupations & affaires qui m'ont detenu. Auquel lieu auſſi ie n'oblieray mettre en lumiere ce qui eſt requis à l'Architecte, & ce qui faict pour la perfection des baſtimens. Icy fault que ie confeſſe que Dieu m'a fait tāt de bien, que ſi toſt que i'ay eu enuie de faire quelque choſe, i'ay ſenty incontinent ſa bonté, laquelle m'a donné pluſtoſt le moien de la faire, que ie n'ay eu quaſi temps de l'excogiter & en ordōner deſeings, dont à luy ſeul i'en rend graces, louange, gloire, & honneur. Or ie reuiens à la cognoiſſance de la bonté des bois. Fault noter que du coſté de Midy les arbres ſont de meilleure nature que du coſté d'Occident : toutefois pour eſtre ſituez es parties chaudes, ilz peuuent auoir l'humeur tāt deſeiché, qu'ilz ne ſont iamais de ſi belle uenue que ceux du coſté d'Orient & Septentrion, ou il ſe fault addreſſer pour auoir des meilleurs. Car les parties froides, comme ſont celles du coſté Septentrional, conſeruent la nourriture des bois en plus grande abondance, & y ſont les humeurs des arbres mieux diſtribuez, cuitz & digerez. Ce qu'on uoit euidemment, par ce qu'ilz y croiſſent plus hault, & ſont plus gros, & d'un fil droit, aiants l'eſcorce quaſi unie auec peu d'Aubours : mais ilz ſont ſubiectz à ſe iarſer & fendre, ſi on les debite & met en pieces incontinent, pour la grande humidité qui eſt en eux. Et quand ilz ſe fendent ſi toſt, les charpentiers diſent que c'eſt la force du bois & ſa bonté, & que les meilleurs arbres ſont ainſi. Ce qui eſt ueritable : mais ceux qui les couppēt n'entendent leur nature, ne quand il les faut coupper. Pour obuier dōc à telles choſes i'en parleray cy apres. Les arbres du coſté d'Oriēt ſont meilleurs que de toutes les autres parties : leſquelz il fault touſiours choiſir dudict coſté, cōme auſſi de Septētrion, & par le milieu de la Foreſt & buiſſons, ou autres lieux, ſoiēt montaignes, collines ou uallees : prenant touſiours le plus de ceux qui ont regard aux parties Orientales & Septentrionales, ou bien qui ſont en plaine fort couuerte de grande quantité d'arbres des parties de Midy, & le plus, d'Occident. Et pour les coupper generalement, le temps eſt au mois de Nouembre, Decembre, & Ianuier : pource qu'en ce tēps là ilz ont moins de ſeue dedans, & ſont trop plus ſains que tout le reſte de l'ānee. Et me ſemble qu'en ce temps ie leur trouue touſiours par le milieu de l'arbre une chaleur plus temperee qu'à la circonference, entre l'eſcorce & l'Aubour, ou elle eſt peu humide pour la ſeue qui en eſt tombee. Ce qu'auſſi lon obſerue quand la Lune eſt en decours, pource que toutes choſes en ce temps là ont moins d'humidité. Auſſi ne fault que le uent d'Occident ſouffle quand on les abbat, car cela leur faict grande offenſe pour entrer dans les pores, qui les faict fendre, & tous corrompre. Autres choſes fauldroit obſeruer plus propres & meilleures qui uouldroit imiter & enſuiure les enſeignemēs & prece-

Bon uouloir de l'Auteur, pour l'illuſtratiō d'Architecture.

Nature des bois ſituez du coſté de Midy.

Arbres regardās la partie ſeptētrionale ſort bōs

Arbres Septétrionaux, ſubiects à iarſer & fendre.

Arbres du coſté d'Oriēt meilleurs de to°

Comme il fault choiſir les bons arbres.
Tēps à coupper les arbres pour baſtir.

Choſes qu'il fault obſeruer quād on couppe le bois.
Les Mathematiques neceſſaires à un Architecte.

ptes des Mathematiciens & autres. Mais ie ne ueux parler pour ceste heure, sinon de ce dont i'ay faict faire l'experience. Quand i'auois affaire d'arbres pour la charpenterie, ie commandois aux charpentiers es mois dessus nommez coupper par le pied les arbres tout autour, & si fort auant, qu'il n'en restoit que bien peu pour les soustenir: les laissant ainsi couppez, iusques à ce que ie ueisse qu'il ne descendoit plus d'eaue du tronc de l'arbre, qui estoit quelque fois si grande, qu'elle resembloit un petit ruisseau qui passoit là: principalement quand les charpentiers couppoient lesdictz arbres plus tost, & en autres mois que ie ne leur auois dict. Ie les trouuois encores mieux à propos, quand du commencement l'on couppoit toutes les branches, iusques au plus hault du tronc: pource qu'il n'y auoit pas tant d'humeur qui descendist par la grosse tige, ou tronc: & par ce moien estoit l'arbre plus tost prest d'acheuer de coupper. Mais incontinent fault couurir celle tige par le hault, de terre d'argille, à fin qu'elle ne prenne uent, iusques à ce que tout l'humeur en soit descendu par le pied entaillé: autremēt toutes les pieces se fendroient par le bout, quand on les debiteroit. Quād il ne descend plus d'humidité, fault acheuer d'abbattre ledict arbre. Mais si uoulez qu'il serue pour menuiserie, il ne le fault si tost equarrer: & quand il le sera, fault qu'il ne touche la terre: apres uous le debiterez quand en aurez affaire. Lors que uous l'empilerez, mettez y de petitz bastons entredeux, comme bouts de latte, à fin que le uēt puisse passer par tout: & estant à couuert, il seichera incontinent sans se fendre, ne haler, ou iarser. Theophraste, & autres auteurs, tant d'Architecture que d'Agriculture, ont escrit plusieurs façons de coupper arbres, desquelles usoient les anciens. Ceux qui en serōt curieux, les pourront uoir. De cela & autres choses ie parleray, Dieu aidant, au liure lequel i'ay deliberé escrire pour parfaire ce qui est requis à l'Architecture. Me suffit pour ceste heure faire entēdre ce que i'ay cognu par espreuue estre bon pour nostre inuention nouuelle, & plus requis pour le Royaume de France. Aucuns ont uoulu dire, qu'il falloit enterrer les arbres quand ilz estoient abbatuz, & que cela les rend plus solides, & espois à merueilles. Plusieurs aussi attestent qu'il aduient à tout arbre, que si on l'enfouist en lieu humide, estant encores en sa uerdeur, cela luy rend une duree perpetuelle. Mais soit qu'on l'enfouïsse ou autrement, le fault garder dans la forest, & n'y toucher de trois mois tous entiers: car en moins de temps ne peult acquerir fermeté telle qu'il est requis, pour le mettre en œuure. La raison ueult qu'on luy dōne temps pour se consolider. Mais quand il est en ce poinct preparé, il le fault mettre hors: puis faire seicher au Soleil: estant la Lune en son decours, & ce notamment apres midy: mesmes quatre iours apres que ladicte Lune aura commencé à decroistre. Toutefois, si durant ce temps le

Choses dignes de noter & obieruer.

Obseruatiō de l'Auteur pour la coupe des bois.

Preceptes pour le bois de menuiserie.

Qu'il fault faire quand les arbres sōt abbatuz.

Obseruatiō de la Lune tresnecessaire à l'Architecte, cōme aussi des uents.

vent de Midy tiroit, & principalement celuy d'Occident, qui eſt le pire, pluſieurs ne ſont de tel aduis, ains défendent expreſſément qu'on ne
mette le bois à l'air. Si le temps ſe monſtre propre à le tirer, fault prendre garde ſeulement qu'il ne touche la roſee, ſ'il eſt poſſible: & ſur tout
qu'il ne tombe par deſſus quelque gelee blãche. Ce qui ſ'entend quãd
il eſt debité, ou qu'il eſt par trop ſec dedans & dehors: car lors il ne le Roſee & ge-
fault ſcier ne charpenter en aucune maniere, que le temps ne ſoit pro- dommagea-
pre & beau, parautant qu'il ſe pourroit gaſter bien toſt. Toutefois ſui- ble au bois
uant noſtre nouuelle Inuétion, il ne fault auoir telle curioſité, ains ſeu- pour baſtir.
lement coupper les arbres comme i'ay dict cy deuant. Surquoy i'ay
bien uoulu amplement eſcrire, & donner aucuns preceptes & enſeignemens, partie experimentez & diligemment par moy eſprouuez,
partie auſſi pris de noz liures d'Architecture: mais qui uouldroit icy
tout rediger, on en pourroit faire un gros uolume. Parquoy ie m'en
tais pour ceſte heure, pource que chacun a moien de uoir leſdictz liures par le menu, quãd il en aura enuie. Ie ne dy pas, quãd on uouldra
faire quelque choſe de curioſité, & quelque excellent ouurage de me- Curioſité
nuiſerie, qu'il ne ſoit bon d'obſeruer tout ce que lon peult, pour auoir de bois eſtre
des bois à propos. Mais pour les bois de noſtredicte Inuétion, ne fault plus qu'en
eſtre ſi curieux: car tous ceux qui ne pouuoient ſeruir parcydeuant, & charpéterie.
qu'on eſtimoit rien ualoir qu'à bruler, ſerõt deſormais tous bons: ainſi
que ie deduiray cy apres, Dieu aidant. Ie diray d'auantage, que uous
les pouuez coupper quand uous uouldrez, pourueu que ce ſoit depuis le mois d'Octobre, iuſques en Apuril: ſans obſeruer les elections Elections &
que les Mathematiciens & Architectes nous monſtrêt. Car pour eſtre obſeruatiõs
de ſi petites pieces que nous dirõs, ilz en ſont moins ſubiectz à ſe fen- Aſtronomi-
dre & gaſter. Pour laquelle choſe euiter les anciens prenoient ele- laires à un
ctions, leſquelles ſeroit treſbon icy pouuoir bien obſeruer. bõ Architecte.

*Quelz arbres ſont commodes pour noſtre inuention : & deſ-*
*quelz on ſe pourra aider deſormais en di-*
*uerſes ſortes pour edifices.*

CHAPITRE II.

**V**OVS n'auez plus affaire de grands arbres pour faire des Pannes, Cheurons, Iambes de force, & autres
groſſes pieces, mais ſeulement d'ais, deſquelz on ſe
ſert à faire portes & feneſtres, & ne ſont bons à
mettre en œuure, qu'ilz n'aient pour le moins trois
ans paſſez. A ceſte heure comme ilz uiendrõt Bois bons à
de la Foreſt, ſeront bons à employer à telles façons que voirrez baſtimens.

B iiij

cy apres:parauant que le bois de bout ne se r'appetisse point,& pour sa largeur & espoisseur qu'il se retire tant qu'il uouldra, cela ne ̃ eult porter dommage. Ie ne dy pas que quand les bois seront secz, qu'ilz ne soiēt tousiours meilleurs:mais icy uous les mettrez en œuure comme les aurez,quand serez pressez de besongner. Et au lieu qu'on ne trouuera du Chesne, qu'on y mette du Estre , du Rouure, du Peuplier, du Til,du Fresne,de l'Aulne, du Pin , & des Sapins,qui sont meilleurs, &

our les pais
ui n'ōt tou-
es sortes de
ois.

Chastigniers tresbons. Aussi pour la Prouence & Languedoc, & ailleurs,ou y a faulte de bois,qu'ō y mette de l'Oliuier sauuage ou domestique,du Noyer, & d'autres,cōme il s'en trouue assez, selō la commodité des pais. Et parauant que chacun de tous ces arbres est de nature diuerse,pource doit-on aussi appliquer à telles charpenteries diuerses ligatures ( comme tous gentilz espritz pourront considerer,selon la nature des bois) & faire les pieces plus courtes, plus larges , ou plus espoisses: & cognoistre ce que nature peult faire à telles œuures qu'aurez à faire de diuerses ligatures. Ie monstrerois encores d'autres sortes de bois,n'estoit qu'ilz ne sont en ce royaume: & si deduirois leur nature: mais sur ce uoiez Vitruue,Leon Baptiste,Theophraste, Caton, Pline,& autres qui en traictent bien amplement. Toutefois attendant d'escrire plus au long ce qui sera propre & plus requis pour les batimens,icy ie diray brieuement ce que i'en ay cogneu par experience.

Auteurs de
Architectu-
re & Agricul
ture.

Pour cognoi
stre & choi-
sir bons ar-
bres.

C'est que tous arbres qui sont courts & cambres, sont plus durs à tailler que ceux qui sont haults & droictz. Et les bois blancs sont moins massifs,plus legers, plus traictables,& plus aisez à tailler,& s'assemblēt mieux que tous les autres : mais aussi sont ilz tous frangibles,aumoins plus que nuls autres . Tous les plus poisants ont plus d'espoisseur,aussi sont ilz plus difficiles à tailler,que les legers,pour tenir plus de corps en soy,& auoir une masse plus serree. Car tant plus une masse poise, tant moins est elle frangible, & tant plus uous uoiez un arbre madré,plus

Arbres mois
subiectz à
corruption.

est-il restreinct en soy. Aussi les arbres ausquelz nature a donné long temps à uiure,se gardent de corruption plus longuement que les autres mis en œuure.Et quand i'ay faict coupper un arbre tout autour du pied,comme i'ay dict cy dessus qu'il fault faire , i'ay trouué que celuy qui rendoit moins de seue estoit plus uigoreux & puissant pour porter charge,que ceux qui rendoient grand'humeur.La pire chose que i'aye

La pire cho-
se d'un bois
estre l'Au-
bour.

trouué en un bois,est,ce que les Latins appellēt Alburnū, & nous Aubour.Car de là uiēt que le bois se uermine, & met en pouldre pour les uers qui s'y engēdrent: & ne gaste seulemēt sa partie,mais l'autre bois à qui il touche. Et pource en quelque sorte d'ouurage que ce soit,il fault tousiours oster tout l'Aubour, & n'ēdurer que les ouuriers l'emploiēt en quelque façon qu'ilz pourroiēt faire. I'ay aussi trouué que le cueur & milieu de l'arbre est plus fort que les costez , pareillement plus ſubiect à ſe fendre & non rõpre. Et pour cognoiſtre quãd un arbre eſt abbatu, ſi dedans & au cueur il eſt bien ſain, apres en auoir couppé les bouts, fault prendre un marteau & frapper par l'un d'iceux : & ſi quelqu'un mettant l'oreille contre l'autre bout, entend le ſon ſourd & caſſe, c'eſt ſigne que le corps de l'arbre eſt dedans uicieux par pourriture, ou autrement. Mais ſi le ſon eſt clair & bien reſonant à l'oreille, c'eſt ſigne qu'il eſt fort bon, ſain, & entier. Ie produirois aſſez d'autres experiences que i'ay ueuès, mais comme les choſes ſe preſenterõt pour biẽ faire entendre noſtre œuure, ie ne les oblieray point. Car le plus grand deſir que pourrois auoir, eſt de faire choſe aggreable à mon ſouuerain Prince, & utile à tous ceux qui ſont pres de ſa maieſté, & auſſi profitable à toute la Republique.

*Pour cognoiſtre ſi un arbre eſt ſain au dedans.*

*Faire ſeruice aux Princes, choſe louable & profitable.*

*Conſeil aux Architectes & maiſtres maçons, charpentiers, & menuiſiers, qui auront enuie de ſ'aider de noſtre inuention, & pourquoy elle a eſté trouuee.*

### CHAPITRE III.

MES amis, ce qui m'a emeu de chercher ceſte inuention, n'a point eſté pour lucratiue, ne moins pour porter dommage à perſonne qui ſoit (comme i'ay ſceu qu'aucus ont uoulu dire, donnans à entendre à un chacun ce qu'ilz ont peu, auec un mal-contentement) mais pluſtoſt pour la neceſſité des grands bois qui ne ſe trouuent plus en France, & ſi aucuns ſ'y trouuent, ilz ſont fort rares, & auſſi qu'en diuers lieux de ce Royaume on n'a point commodité de baſtir par faulte de bois, & en aucuns lieux par faulte de pierres. Et pour ce fault trouuer telles inuentions, que ou ſera la neceſſité de l'un, l'autre ſatisface. Comme, ou il n'y aura que du bois, que pour cela les baſtimens ne demeurent à faire, & auſſi ou il n'y aura que de la pierre, que l'on trouue inuention de faire des planchers & couuertures de pierres, & ou il y a peu de l'un ou de l'autre, que l'on trouue le remede propre : ainſi que ſe pourra faire par ceſte Inuention, qui ne ſera pas ſeulement profitable à ceux qui font baſtir, mais auſſi à vous tous, pour auoir la commodité de faire plus pour cent eſcuz que ne pourriez autrement pour trois cents. Par ce moien uous gaignerez plus que uous ne faictes, auec ce qu'il ne uous fauldra tant d'engins & cordages, ne ſi grãdes uoictures, comme uous auiez accouſtumé : qui uous ſera une grande eſpargne. Et par la façon que ie uous eſcry, pourrez entendre ceſte nouuelle inuention ſi familierement, que uous en pourrez faire beaucoup de ſer-

*Malice d'aucũs enuieux & detracteurs.*

*Cauſe qui a meu l'Auteur d'eſcrire le preſent liure.*

*Inuentiõ en neceſſité, fort utile.*

*Profit pour les Artiſans d'Architecture.*

B iiij

uices aux Seigneurs. Vous aduifant que ceux qui auront bons efpritz
touueront encores d'eux mefmes autres façons, ainfi comme i'en pé-
fe une infinité de fortes: uoire plus que ie n'en fçaurois efcrire de bien
long temps: lefquelles uous uoirrez, ainfi qu'il ui endra à propos de les

Admonition
de l'Auteur
aux artifans
& archite-
ctes paref-
feux.

mettre en lumiere. Et ne foiez point comme aucuns qui difent, quand
ilz uoient une chofe qu'ilz n'entédét, qu'elle ne uault rié, & que ce n'eft
pas la couftume & façon de faire qu'ilz ont appris, uoulans toufiours
demourer en leur uieille peau & anciennes couftumes : qui eft tout le
contraire d'un gentil efprit, qui defire fçauoir & entendre toutes bonnes œuures pour f'en aider, & feruir fidelement ceux qui luy donnent
à gaigner. Et uous ueux aduertir, que quand ie fuz refolu & affeuré de
telle inuention, ie la laiffay fans en aufer parler, craignant ce que i'en ay

Inuentió de
l'auteur a-
uoir efté dif-
ficile à croi-
re du cómen
cement.

ueu depuis : Car on ne la pouuoit croire, femblant eftre chofe impof-
fible, mefmes aux ouuriers à qui ie faifois faire les couuertures du
Chafteau de la Muette à fainct Germain en Laye, ayant dix toifes de
large dedás œuure, qui ne l'ót peu croire bóne iufques à ce que ledict
Chafteau a efté parfaict, & lors qu'ilz ont ueu l'experience, ne la pouuoient quafi affez louer. Et ce qui m'a caufé mettre cecy en lumiere, a

Difficulté de
couurir le
Chafteau de
la Muette.

efté en partie pour cuiter la ruine dudict Chafteau de la Muette, parautant qu'on ne pouuoit trouuer inuention de faire les couuertures,
à caufe des murailles malfaictes & debiles, qui ne pouuoient endurer
couuertures de pierres de taille, n'auffi terraffe en aucuns lieux : cóme
i'auois monftré & commandé faire à deux Pauillons fur le deuant. Et
fi le tout euft efté faict de charpéterie, il fe fuft porté encores plus mal,
pour la gráde quátité de bois & groffes pieces qu'il y falloit, mal aifees
à trouuer en fi gros & fi grands arbres que l'œuure requeroit. Laquelle
euft efté tant agitee des uents, qu'il n'euft efté poffible que telles couuertures & maçonneries ne tombaffent par terre : au moins qu'elles
peuffent durer long temps, pour les murs qui eftoient ia corrompuz
en aucuns lieux. Car fault entédre que ladicte Muette eft un Chafteau
qui a fept Pauillons, defquelz celuy du milieu a dix toifes fur douze : &
aux quatre coins, en chacun lieu y en a un de cinq toifes en quarré. Les
deux autres font par le milieu : l'un fert à couurir l'Efcalier, & l'autre à

Trefman-
uaife maçon
nerie en la
Chappelle
de la Muet-
te.

la Chappelle, ou font trefmauuaifes maçonneries, qui n'euffent fceu
porter la charpenterie qu'on auoit accouftumé de faire : pour la mauuaife façon & grand' haulteur, qui a enuiron dixhuict ou uingt toifes.
Et ne fault oblier qu'il y euft fallu faire une defpéfe, tant pour la charpenterie, ferrures, & plomberies, au grand comble feulemét du milieu,
plus dix fois d'auantage qu'il n'y a fallu, & d'ardoife deux fois autant.
Et uoiant que le temps ne permettoit defpendre tant d'argent, pour
raifon des guerres, cela me feit deliberer de chercher autre moié pour
le grand profit & utilité de tous. Tellement que ce fera une grande

louange au Roy d'auoir faict un si grand bien à son Royaume, faisant esprouuer telle inuention: laquelle sera non seulemét profitable aux grands Seigneurs, mais aussi à tout le peuple: oultre la renomm:e qui s'en respandra par nations estranges, esquelles se portent, comme i'ay ueu, telles façons de charpenterie par plusieurs hómes qui en ont prins les descins, mesures, & modelles, pour tel effect: iusques en auoir esté enuoié en Italie, Allemaigne, Espaigne, & plusieurs autres lieux. Ce que ie sçay pour en auoir faict faire plus de cent modelles, & grãd nóbre de protraictz: sans ceux que les ouuriers ont faict & font tous les iours. Ainsi donc, mes amis, ie uous ay bien uoulu deduire dont est uenue telle entreprinse, ensemble la commodité & profit qu'en tirerez. Ie parle à ceux qui la uouldront apprendre & s'en aider, & non à ces oultrecuidez qui pensent trop sçauoir, ou qui ueulent faire à croire d'eux qu'ilz sont fort habiles & bien entenduz. Mais les œuures le móstrent: & qui mieux sçaura, mieux face: ie n'en seray iamais marry. Or mon intention est de faire le seruice de mon tressouuerain Prince & Princesse, & le profit & decoratió de son Royaume, si ie puis, auec l'aide de Dieu. Sur tout ie uous conseille & prie que seruiez fidelement, & aiez la crainte du Seigneur, qui est le commencement des sciences. Et ne faictes comme les folz qui mesprisent sapience & instruction. Ie dy cecy, pource que i'en uoy beaucoup qui ne seruent que par terme d'acquict, & ne se soucient que toucher deniers, leur estant tout un, moiennant qu'ilz en puissent auoir. En quoy ilz ont bien peu d'honneur deuant les yeux, & pour cela ne sont plus riches, mais tousiours en peine. Et s'ilz amassent quelques biens, leurs successeurs, pour estre mal acquis, les despendent follement, & sont souuent cause de leur ruine & perte. Si uous faictes quelque chose bien & sagement par trauail, le trauail soudain se departira de uous, & le bienfaict uous demeurera: mais si uous la faictes par auarice ou par ignorance, n'en fault esperer que mal, & le mal faict uous accompagnera tousiours. Car tous maulx ne demeurent impuniz, comme tous biensfaictz irremunerez. Donecques si uous me uoulez croire uou. userez de mon cóseil, & seruirez fidelement. Si aucuns charpentiers s'estonnét ou autres ouuriers doubtent de telle façon, la trouuãt difficile, qu'ilz apprennent ce beau dict du grand Alexandre, A gens preux rien n'est trop fort ne difficile: & à couardz, tous lieux bien inuniz ne sont assez asseurez. En cas semblable: à tous hommes de bon entendement & hardiz n'est rien impossible, à paresseux & timides qui ne ueulent apprédre, toutes choses sont en doubte. Et ne seruent telz qu'à mesdire & reprendre tout, sans sçauoir rien faire, ou bien peu. Ie uous escrirois dauantage, n'estoit que trop grãde diligence n'est tousiours louee, estant retardemét d'œuure, & cause que les propos sont plus obscurs, & la matiere plus ennuieuse.

Nation stranges prises de nouuelle uention l'Auteur.

Oultrecuidez & sérieux Architectes.

Nature & son debé coup d'Architectes ouuriers.

Sentence uangelique digne de ter.

Trop grãde diligence quelquefois est uicieuse.

Comme il fault proceder à faire la charpenterie de nostre inuention:
auecques aduertissemens des fautes qu'on faict aux
bastiments, tant pour le fer que lon y
employe, que pour les pierres
mal mises en œuure.

CHAP. IIII.

REMIEREMENT uous considererez les murs ou
uoudrez faire uostre couuerture, & le lieu, s'il est
quarré, rond, oblóg, triágulaire, octogone, hexagone ( que les ouuriers appellent pan couppé ) ou
biaiz, ou d'autre forme & figure. Paraut̄t que telles
œuures se peuuent faire aisément de quelque for-
me que soit le lieu & les murs ou la uoudrez faire. Et quant lesdictz

*Quelz doi-*
*uit estre les*
*murs pour*
*ceste nouuel*
*le inuentió.*

murs ne seroient gueres forts, pour n'auoir grand' espoisseur, il suffit
qu'ilz soient de bóne matiere, pour n'estre gueres chargez, ne poussez
en dehors, cóme il se faict par toutes les charpēteries accoustumees.
Et quand uous ferez faire lesdictz murs de neuf, il n'est point de besoing de faire d'espoisseur plus de deux piedz pour un grand bastiment: & pour les moindres, quand sont dans les uilles, d'un pied &
demy, ou uingt poulces. Si ce n'estoit quelque grand Palais ou Chasteau, auquel y eust plus de trois estages. En quoy fault que l'Architecte ayc iugement de luy donner trois & quatre piedz d'espoisseur,
selon l'œuure qu'il en aura affaire. Mais deuant que passer outre, il me
semble icy estre profitable proposer aucunes faultes qui se commet-
tent aux bastimēts, principalement à Paris & autour. Ainsi doncques
ie conseille aux maistres maçons, ne faire comme aucuns font audict
Paris & lieux uoisins, bastissants de telle sorte, que les poultres soub-

*Grāde faulte*
*aux basti-*
*mēts de Pa-*
*ris.*

stiennent les murs. Au contraire de ce qui doibt estre: car les murs
doibuent soustenir les poultres, ou bien les porter. Et sans les poultres
souuent lesdictz murs tomberoient, qui sont retenuz par grandes barres de fer, & grandes clefz qu'ilz mettent sur lesdictes poultres à trauers des murailles au droit des cheines de pierre de taille, à fin que les
murs ne recullent. En cela y a un grand abus que les ouuriers font.
Car si on leur auoit baillé l'œuure à la charge de n'y mettre du fer, ilz
seroient cótraincts de faire mieux les murailles & de plusgrande grosseur & force qu'ilz ne font. Les ligatures de pierre de taille seroient

*Inconueniēs*
*qui aduien-*
*nent pour*
*mettre du fer*
*à la maçon-*
*nerie.*

plus longues, & la maçonnerie de moellon mieux maçonnee. Car
soubz ombre du fer & du plastre, ilz ont esperance que leur ouurage
tiendra trop. I'ay ueu aduenir un autre grand mal aux bastimēts pour
mettre du fer dans les maçonneries & auec les pierres de taille: car le

fer s'enrouille, & s'enrouillant il s'enfle & faict rompre les pierres &
murs qui ne peuuent durer longuement. De ce nous prendrons par
exemple, le Liarre, duquel les racines liees & prinses dans les murs at-
tirent & rongent la substance du mortier, & comme elles deuiennent
grosses, se font faire place, reculant les pierres qui n'ont plus de mortier, & par ainsi les rendent prestes de tomber. Quoy uoyant aucuns
en ont faict ceste diuise, *Inimica amicitia*, qui est à dire, ennemie amitié:
ou, ce qui m'aime me ruine. Ainsi est-il du fer, lequel les meschantes
maçonneries aiment de peur qu'elles ne tombent, mais à la fin il les
ronge & ruine. Faisant tout ainsi que ledict liarre, lequel apres auoir
acheué de ruiner la muraille, & l'auoir mise par terre, n'ayant aucune
chose pour se soustenir, est contrainct de tomber sur le chemin. Auquel, apres auoir marché dessus, est couppé, pour les empeschemens
qu'il peult faire: & par ainsi il meurt comme il a faict mourir le mur.
Chose semblable aduient à aucuns hommes, qui soubz ombre d'amitié, appuis ou alliances auecques autres, ilz en tirent leur substance, &
les font mourir d'ennuits & pauureté, pensants y gaigner beaucoup:
mais apres auoir succé & attiré d'eux iusques au sang, ilz trebuchent
& sont mis à neant par le uouloir & iustice de Dieu, qui ne ueult le
mal demeurer impuny. Et pour retourner à mon dire, oultre la grande faute laquelle font les maçons mettants du fer aux bastiments, ilz
en font une autre, quand ilz mettet les pierres en œuure en toutes sortes, tant de bout que de plat: dont il est aduenu quelque fois de grādz
dommages aux edifices. Car la pierre pour estre forte en œuure, il la
faut maçonner sur son lict, & de plat, ainsi qu'elle croist és quarrieres.
Côme le bois, lequel quand il est mis en œuure pour porter quelque
grāde poisanteur, & qu'il est d'un bois de bout ainsi qu'il croist, il n'y a
rien plus fort: mais s'il est de plat, il ployera de soy mesme, ou rompra
s'il est chargé: Ainsi est-il des pierres, car n'en faut quelque fois qu'une
pour faire fendre ou rompre tout le bastimēt, par faute de l'auoir maçonnee sur son lict, côme elle croist en sa quarriere: ainsi que i'ay ueu
plusieurs fois, & ne se cognoist gueres la faulte. Quelques uns pensent
que soit du fondement, les autres d'ailleurs. Mais ce n'est pas icy mon
intention, de uouloir parler de la maçonnerie pour les bastimens, ains
seulement de ceste Inuention nouuelle, pour laquelle quand on fera
faire murailles, fault que ce soit à la charge qu'il n'y ayt point de fer ny
ferrures. Or venons à nostredicte charpenterie. Si une poultre est
pourrie, qu'elle ruine & retenue du mur fault-il faire? & qu'elle despense pour en remettre une autre? Ce qui n'est aucunement necessaire
à nostredicte nouuelle inuention. Et sur ce propos ie diray ce mot. Ie
sçay une maison du Roy ou les poultres ne uallent rien, & pardessus y
a si grandes ferrures qui trauersent les murs & retiennent les porti-

Nature du
fer auec les
maçonneries.

Faulte q̄ fōt
les maçons
usans de fer
aux basti-
mens.

Comme se
doiuent ap-
pliquer les
pieres en ma
çonnerie.

Grādes fer-
rures dāge-
reuses en un
logis.

ques ou galleries qui font par les coftez, que f'il y fault remettre d'autres poultres, en grand danger feront lefdictes galleries qu'elles ne tô-
bent, ou qu'elles ne fe dementent, pour le moins, & y conuiendra faire
defpenfe exceffiue. Et fi celuy qui en aura la charge n'eft diligent, &
n'entend bien fon eftat, qu'en peult-il aduenir? Il faudra tout refaire
de neuf: &, que pis eft, qui le uoudra refaire ainfi qu'il eft commencé,
ne durera non plus de temps qu'il a duré. I'ay uoulu dire cecy pour le
profit de ceux qui font baftir: parquoy y prendra garde qui uoudra.
Ie repren noftre propos. Quand uous ferez au plus haut eftage ou il
faut faire la couuerture, uous leuerez uoftre mur pardeffus le plan-

Comme il faut leuer les murs pour cefte nouuelle inuétion.

cher de trois piedz de hauteur, qui fera à propos de la hauteur des ap-
puiz des feneftres, fi uous en uoulez faire par les coftez, ou bien les ferez aux pignons. Et cela eftant arrefté, uous ferez encores de la maçonnerie deux ou trois piedz de hauteur d'auantage, pour faire l'entablement & porter les Coiaux de la charpenterie: ainfi que cognoiftrez par les deffeins cy apres monftrez. Et ne prendrez pour ce faire
que la moitié du mur par le dehors, comme uoyez marqué B, à la
premiere figure cy apres: l'autre moitié de l'efpoiffeur du mur de-
mourera baffe de trois piedz plus que l'autre, figné C, ou fera mife une
plate-forme de bois ayant largeur d'un pied ou dix poulces, & d'ef-

Quelles doiuết eftre les mortaifes en cefte inuen-tion.

poiffeur huict ou neuf poulces. Laquelle aura plufieurs mortaifes
faictes de deux piedz en deux piedz, comme pourrez uoir aux lieux
marquez D, de largeur de deux poulces, profondeur de trois, & longueur de demy pied. Et les mortaifes qui font aux angles & par le milieu, comme fe uoit aux lieux marquez E, feront plus larges & plus
longues, quand uous y uoudrez faire la couuerture en crouppe. De
forte qu'au lieu de deux poulces de largeur, elles en auront trois, & de
longueur neuf ou dix, à fin que les courbes qui feront en ces angles, &
par le milieu, foyent plus efpoiffes les deux enfemble d'un poulce, que
les autres: pource qu'elles portent plus de charge, pour les autres

Bône dedu-ction & fort familiere.

courbes qui f'affemblent & f'appuyent deffus, comme uous cognoiftrez mieux cy apres quand nous parlerons des crouppes. Ie ne vueil
oblier icy uous aduertir que ne deuez prendre aucú ennuy, fi de premiere face en lifant ne comprenez noftre œuure & inuétion: laquel-

Cognoiffan-ce de la pre-fente inuen-tion depen-dre de la le-cture de tout le liure.

le ne depend d'un ou deux chapitres & figures, ains de plufieurs bien
reprinfes & conferees enfemble. Parquoy qui nous uoudra bien entendre, faut qu'auecques patience il life & difcoure diligément le tout,
n'obliant rien. Ce temps pendant uous pourrez iuger quelque chofe
de ce que nous auons efcript cy deffus, par le plan de cefte figure.

**Comme**

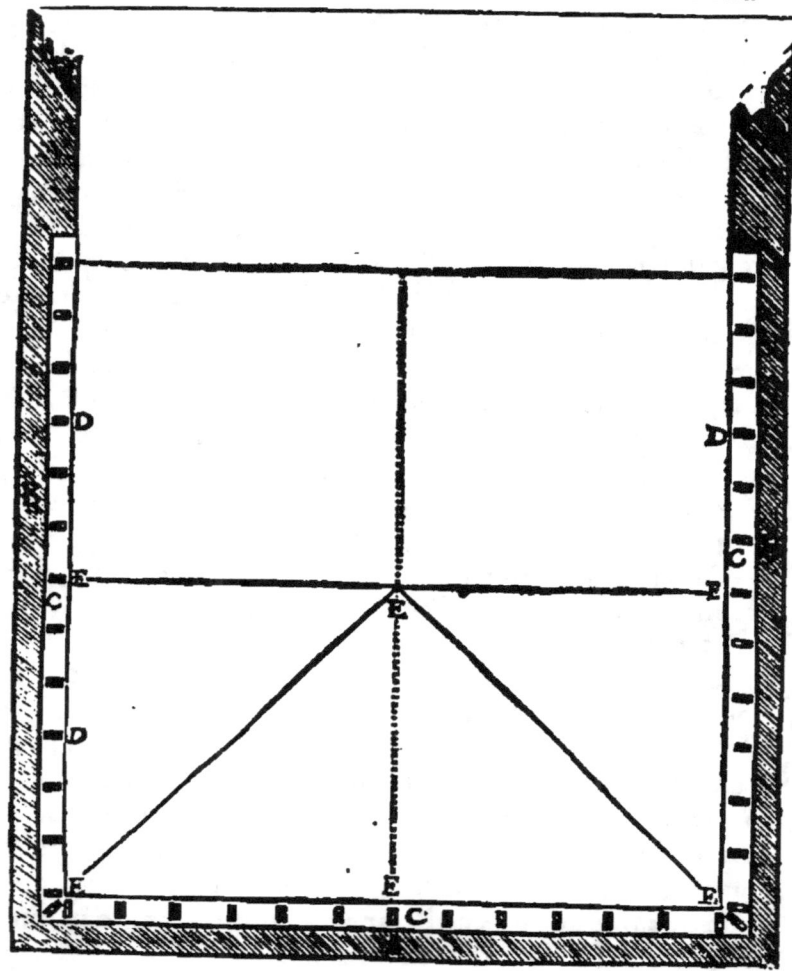

*Comme les Courbes & Hemicycles pour faire les Combles se
commencent à assembler sur les murs.*

### CHAPITRE V.

**V**OVS pouuez uoir comme nostre nouuelle Inuention se commence à mettre en œuure. Et pour continuer, uous recognoissez en la figure suiuáte comme les hemicycles commencez & signez G, sont
fondez sur les plates-formes marquees H, & les
pices dequoy est faict l'hemicycle, n'auoir que quatre piedz de lóg, huit poulces de large, cóme uoiez
aux lieux marquez F, & un poulce d'espoisseur, lesquelles uo' pouuez
prendre ainsi en acheptant uostre bois, s'il ne uous uient à propos de

Hemicycles
plates-for-
mes & leur
pieces.

C

de char-
en pro-
à ceste
uelle In-
tion.

les faire d'aix dont usent les menuisiers pour faire portes, ou d'aix de
charbonniers, côme sont ceux que lon apporte à Paris aux basteaux
pour tenir le charbon, dont lon ne tient grand compte à mettre en
œuure, principalement pour choses exquises, & telz aix sont fort
bons. Et quand ilz auront douze piedz de long, uous en ferez trois
pieces, desquelles chacune aura quatre piedz. Et s'ilz ont six piedz, les

nseigne-
at pour
emploier
r.

deux piedz qui resteront, seront pour faire la petite piece de courbe,
qui commencera sur le fondement d'un costé. Pour ce qu'ainsi que
les aix sont assemblez les uns contre les autres, une piece n'aura que
deux piedz, & l'autre quatre. Par ce moien les commissures iront en
liaisons : & ne se trouueront l'une contre l'autre, comme il faut qu'elles soient pour faire mieux les ligatures : & aussi pour auoir meilleur

ofit de la
esente In-
ntion nou
lle.

moien de les oster, & remettre autres pieces, quand lon uoudra: pour
autant qu'auec le temps elles se peuuent gaster & pourrir, mesmes si
on les laisse descouuertes, côme font quelquefois les mauuais mesnagers. Il est fort facile & aisé de les entretenir. Ce que uous pouuez bien
cognoistre par la presente figure, & autres qui ensuiuront. Car l'une
enseignera & aidera à l'autre.

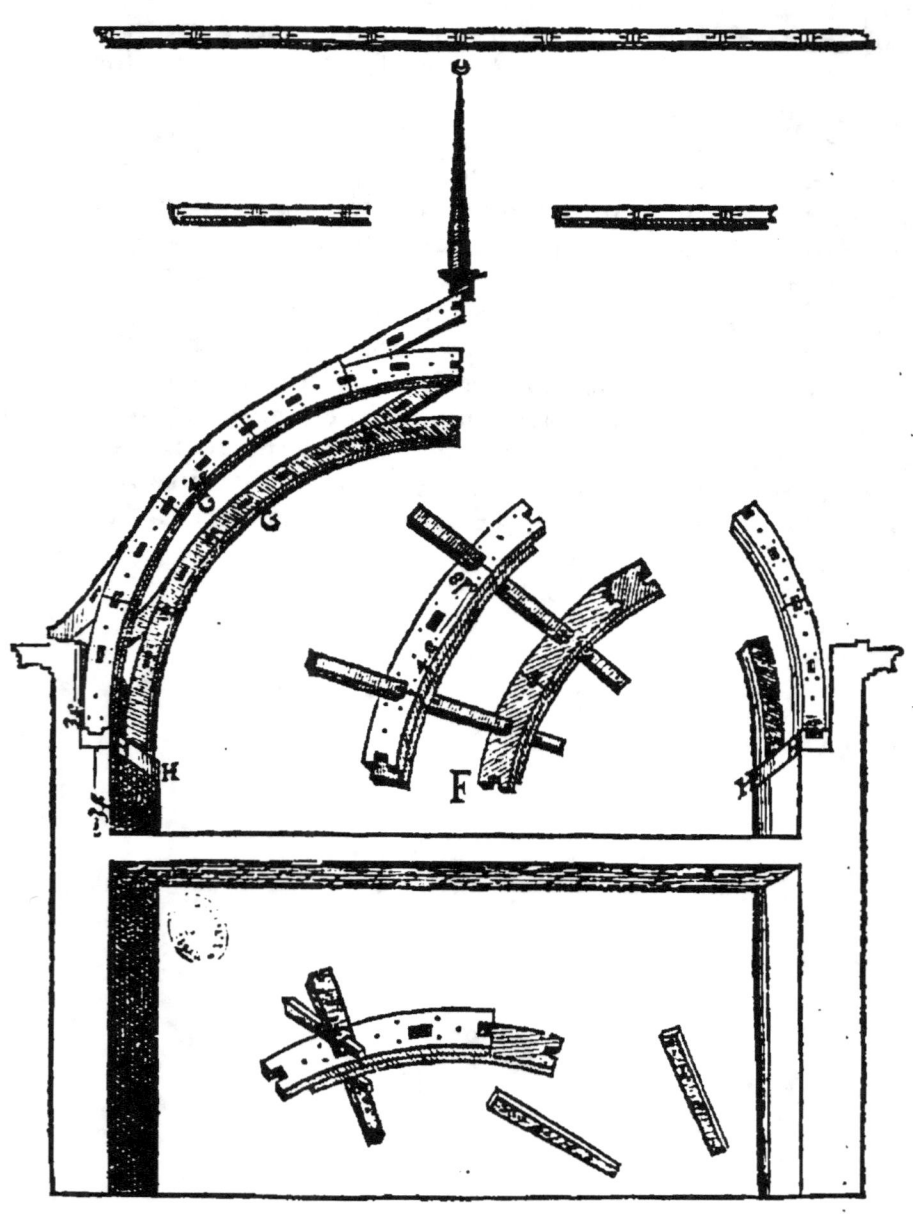

*La façon de cognoistre plus facilement les pieces comme elles se*
*doiuent tailler & assembler pour faire l'hemicycle*
*& courbes de nostre nouuelle Inuention.*

## CHAPITRE VI.

'A Y mis cy apres les pieces plus grandes, à fin que lon puisse mieux cognoistre comme elles se doiuét assembler les unes auec les autres. Lesquelles sont percees tout à trauers par le milieu & aux deux boutz de l'extremité, en façon de mortaise. Comme uous uoiez aux lieux signez K, & endroictz semblables. Et telles perceures ont de longueur

Que fút Lier nes, & de leur longueur.

quatre poulces, & un peu plus d'un poulce de largeur, pour seruir & passer à trauers les Liernes qui lient & tiennent en raison lesdictz aix pour faire les hemicycles. Lesquelles Liernes seront de telle lógueur que uous uoudrez, & cóme trouuerez les bois à propos. Quát à moy ie ne les uoudrois trouuer qu'aux aix dequoy on fait les courbes, & les faire scier de long, aiant un poulce d'espoisseur comme lesdictz aix, & quatre de largeur : & s'il y a quelque petit bout de bois de reste, seruira pour faire les clefz & cheuilles. Ie dy cecy pour faire cognoistre que qui uoudra penser à faire bien debiter le bois, il n'y sçaura rien perdre:

Comme se doiuent per cer les Lier nes, & de la longueur & espoisseur des clefz.

& n'y a si petite piece qui ne serue. Il faut percer lesdictes Liernes si dextremét pour mettre les clefz, que les mortaises se trouuét au droict de chacune courbe par les costez, quand elles serót posees par les pertuis ou mortaises signees K. Et aux costez faut mettre lesdictes clefz, qui auront deux poulces & demy de largeur, & un d'espoisseur. Et la longueur sera autát qu'est la largeur de la courbe de l'hemicycle. Ainsi que uous pouuez uoir en ceste figure aux lieux marquez L, & T, qui sont les clefz & mortaises à les mettre. Et faut qu'elles soient fort chassees à grands coups de marteau, à fin de tenir les pieces en telle raison, qu'elles ne se puissent desassembler, n'aller ny ça ny là, auec une force incroyable, qui y est. Et porteront cent fois plus que n'auez affaire

Gráde asseu rance de la presente In uention.

qu'elles portent. Il ne faut craindre que les uents leur sçachent faire offense, ne qu'elles se puissent deffaire d'elles mesmes. Et quád la tierce partie des courbes ou hemicycles par cy par là seroit ostee, ou bien pourrie & rompue, ce qui resteroit sera encores assez fort, & pour durer plus que la charpenterie que lon a accoustumé de faire. Ie dy d'auantage, quand tous les aix seroient fendus tout à trauers en deux ou trois parts de toute leur longueur, selon le fil du bois, ilz seroient encores assez forts & plus qu'il ne faut, pour porter ce qu'ilz ont à porter de couuertures, soient d'ardoises ou de tuiles, & encores de pierres

de taille, qui uoudra: pource qu'ilz portent de bois bout. Telle façon
est trop plus forte qu'il ne seroit de besoin, & s'en passeroit-on bien à
moins, toutefois c'est la meilleure. Car une œuure ne peut estre trop
bonne, non plus qu'un homme ne peut estre trop uertueux. Ce que *Fort belle*
uous pouuez iuger par la figure de la force des pieces, laquelle uous *sentence &*
uoiez cy dessoubz. *digne de no-*
*ter.*

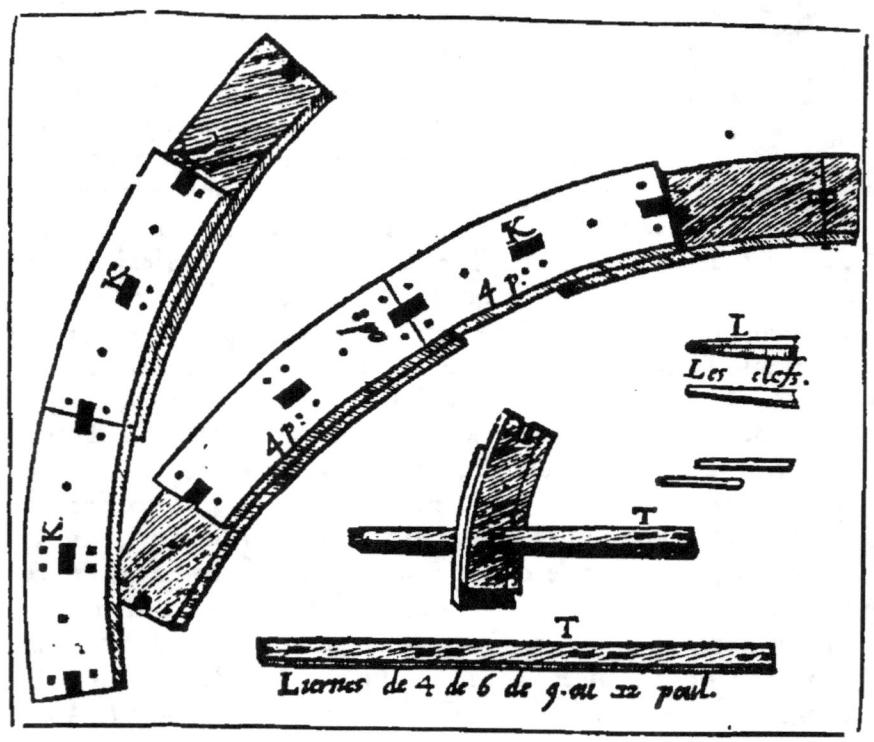

*Comme les pieces des Courbes se monstrent quand elles*
*sont toutes assemblees en leur hemi-*
*cycle auec leurs liernes.*

## CHAPITRE VII.

L A figure la plus parfaicte & plus capable de toutes est *Figure rõde*
la ronde, dont est prinse ceste Inuention, comme uous *parfaicte en-*
pouuez considerer, par la figure ensuiuãt. Laquelle i'ay *autres.*
representee sur les murs des entablemens, sans la mettre quasi entre les murs, comme i'ay monstré par cy deuant en la figure du quatriesme chapitre. Vous pouuez mettre les hemicycles sur les murs si uoulez, sans les mettre entre lesdictz murs par

la force qui eſt en eux. Car eſtans ainſi aſſemblez auec leurs Liernes, ilz ne peuuent poulſer ça ne là, ou bien peu, principalement quand l'edi-

Enſeigne- mens dignes ὲ notes.

fice n'eſt de grande largeur: parautant que leur poiſanteur tombe à plomb ſur les murs ſans poulſer par dehors. Ie ne dy pas que ſi leſdictz hemicycles eſtoient de pierre de taille, qu'il faudroit charger & ma-çonner leurs eſpaules: mais eſtans de bois, les Liernes tiennent tout en raiſon ſans poulſer. Et ainſi uous pouuez uoir cóme toutes les pieces des courbes ſont aſſemblees, & parfont l'hemicycle auec leurs Liernes

Grande har-monie de la preſente In-uention.

& clefz qui les tiennent en raiſon. Comme uous pouuez facilement iuger par la ſequente figure: en laquelle uous uoiez les endroits mar-quez P, qui ſont pour mettre les cheuilles à tenir les pieces des cour-bes, iuſques à ce qu'elles ſoient miſes en œuure. Ie ne vueil oblier, combien que pluſieurs le ſçachent, que toutes les commiſſures & aſ-ſemblages de l'hemicycle, ſont tirez de la ligne qui procede du cētre

Commiſſu-res & ioincts tirez du cen-tre.

duquel eſt faict ledict hemicycle. Et ainſi toutes autres commiſſures & ioincts, leſquelz conuient eſtre touſiours tirez du centre duquel eſt faicte la circonference: autrement ilz ne ſeroient bien: ce que uous cognoiſtrez tant par la preſente figure, qu'autres cy apres.

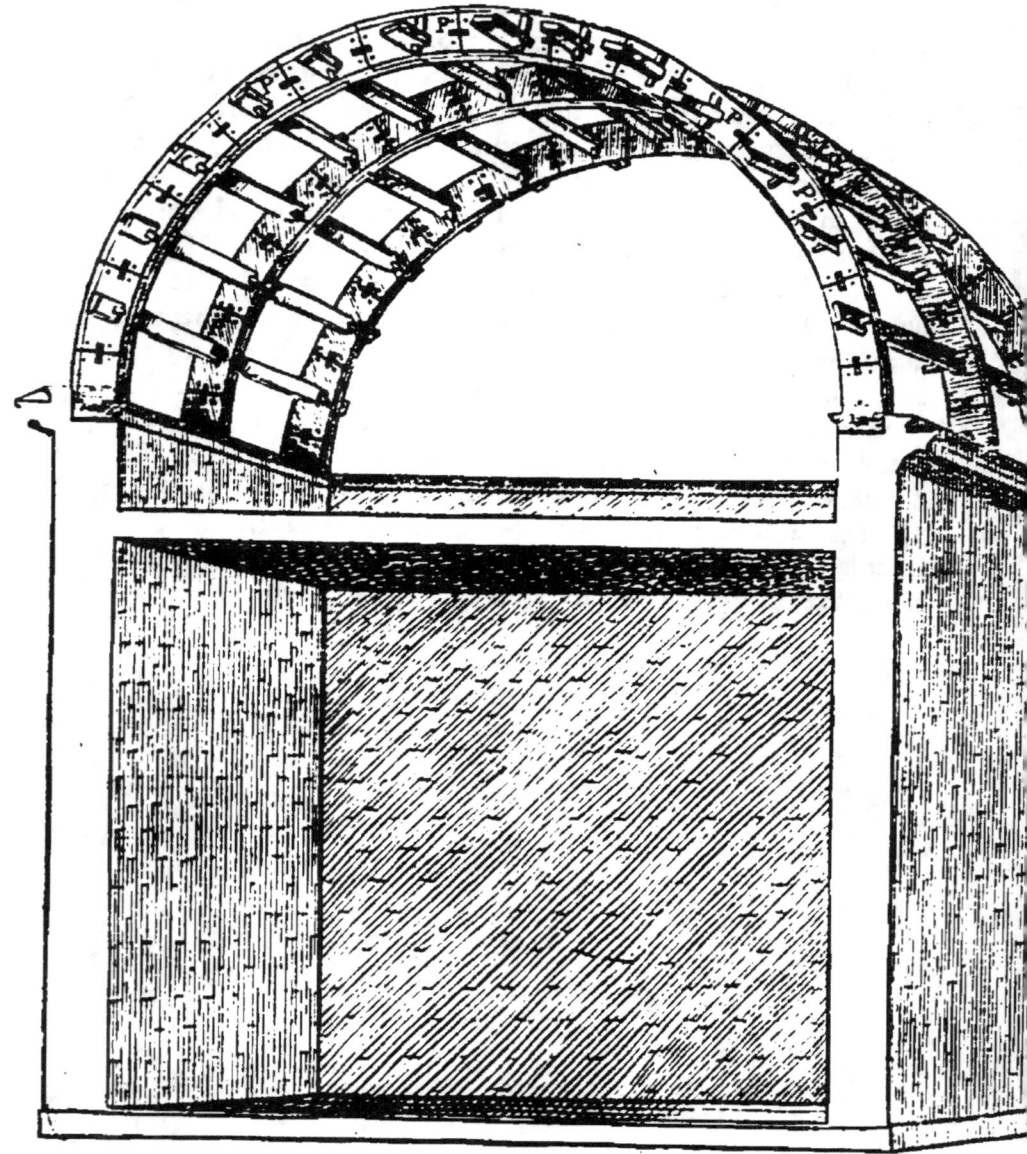

Quand uous affemblez uoz courbes pour faire les hemicycles,
comme i'ay dict cy deffus, il uous faut cheuiller une piece contre l'autre. Mais il conuient que ce foit par fort petites cheuilles, & que les
trous foient comme le bout du petit doigt. Et ne les y conuiét mettre
par grande force, à fin qu'elles n'empefchent que le ioinct & commiffures des courbes ne puiffent iouer l'un fur l'autre de leur longueur &
largeur,du bout des pieces. Ie n'en uoudrois point mettre, n'eftoit que
cela aide fort à les bien affembler & mettre en œuure. Apres que le
C iiij

A quoy ſer-
uent les che-
uilles en ce-
ſte nouuelle
façon.

tout eſt poſé, ie ſerois content que leſdictes cheuilles fuſſent dehors:
toutefois cela ne nuict ny aide, ſi ce n'eſt quand il faut chãger quelque
piece qui eſt pourrie ou gaſtee: car cela entretient l'œuure, iuſques à ce
qu'on y aye mis une autre neufue. I'ay monſtré parcydeuant qu'aux
lieux marquez P, aux endroictz eſquelz y a de petitz poincts, faut mettre leſdictes cheuilles. Ce que uous pourrez encores mieux cognoiſtre par la figure cy apres miſe en la meſme marque P, aux pieces des
courbes qui ſont figurees plus grandes, à fin que lon en puiſſe auoir

Grãde faci-
lité & dãgé
ce ſert a bien
enſeigner.

meilleure cognoiſſance. Il ſera fort bon de mettre le moins de telles
cheuilles que lon pourra, à fin que leſdictes pieces des courbes ne
ſoient tant corrompues, & qu'elles puiſſent iouer plus facilement ſur
leurs ioinctz & commiſſures. Ce qui eſt plus aiſé à cognoiſtre par la figure ſuiuãte, que par trop grande eſcriture, de laquelle ie me ſuis rete-
nu pour n'en eſtre beſoing.

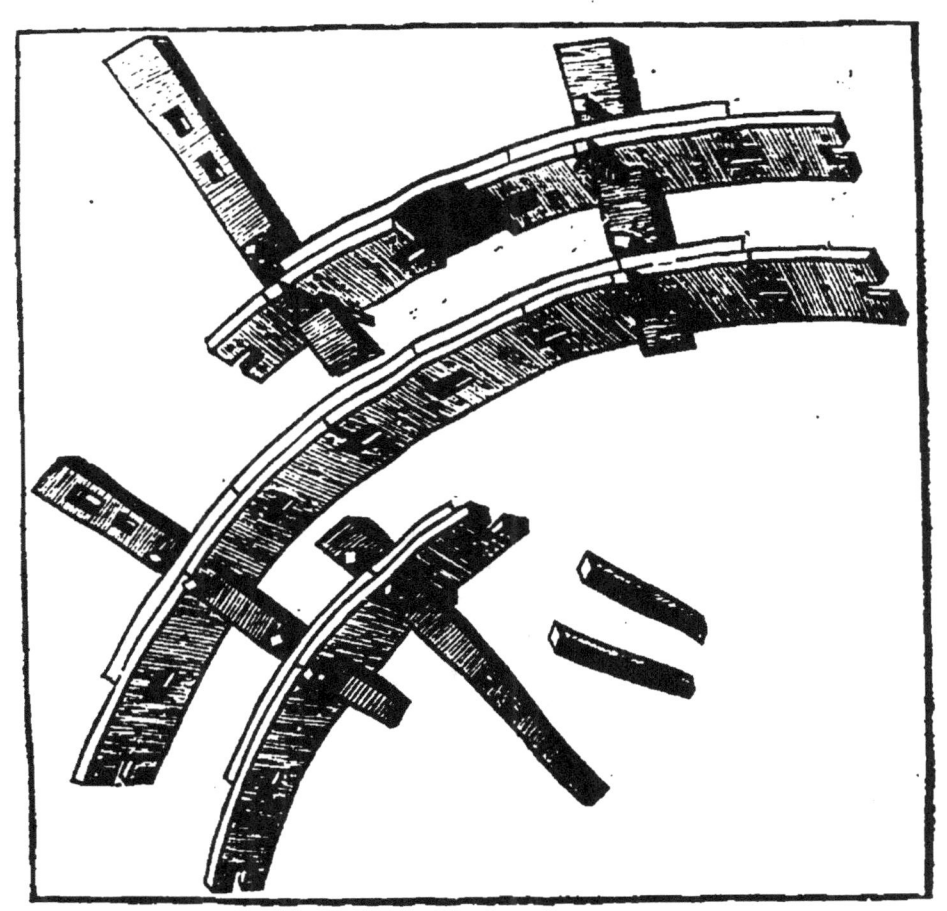

*Comme les Hemicycles, Liernes, & Diagonales, quand on ueult*
*faire des Croupes aux couuertures, se monstrent*
*en leur plan entre les murs.*

## CHAPITRE VIII.

Façó de pluſieurs outrecuidez.

P ARAVTANT qu'aucuns se pourroiét trouuer qui
uoudroient faire telle couuerture qu'ilz n'entendroient, sçauoir est r'allonger les courbes des angles, à celle fin qu'ilz ne trouuent rien difficile, ie
leur mettray icy la façon comme ilz le doiuent
faire. Premieremét deuant qu'entendre telles courbes r'allongees, il faut cognoistre le plan de toute
l'œuure, pour considerer la montee qui en doit estre. Côme en ceste
figure uous pouuez veoir: en laquelle les lignes qui sont de toute la
largeur de O P, font en leur montee le demy cercle ou hemicycle qui
est marqué O Q P. Et cela sert pour faire tous hemicycles & courbes qui se posent equidistamment par lignes paralleles(desquelles les
separations sont aussi larges par un bout qu'à l'autre) & sont fondez
d'une mesme hauteur au niueau. Et toutes les courbes qui doiuent
estre aux endroicts marquez R, combien qu'elles ne soient que partie
du demy cercle, ou hemicycle, pour finir contre la diagonale, qui est
N & V, elles se feront de l'hemicycle sans faire autre traict. Et pourueu que ce soit une mesme distance de N à P, & N à T, les courbes du
demy cercle O Q P, seruiront pour celles qui sont signees R, comme
nous auons dict. Mais depuis N, iusques à V, qui est la ligne diagonale, y a beaucoup plus de longueur que de N à P, pource l'hemicycle O Q P, n'y pourroit seruir, & ne se pourroit faire tout d'une uenue
auec le compas: parquoy il le faut faire ainsi que ie monstreray en la figure suiuant ceste cy. Et notez bien le plan de la presente figure, à fin
que uous entédiez mieux en l'œuure comme les Liernes passent à trauers les courbes & hemicycles. De sorte que quand ilz uoudroient
poulser l'œuure d'une part ou d'autre, ilz poulsent tousiours sur la
force du bois de bout: quasi ainsi que font les courbes, soit en la
montee des hemicycles, ou de trauers, comme uont les Liernes. Le
bois n'endure peine, sinon que sur la force dudict bois de bout, ce que
uous pouuez uoir aux Liernes qui sont marquees X, en la figure ensuiuant.

Declaration de la figure suiuante.

Quelles sont lignes Paralleles.

Demonstratió de la presente matiere.

Nature des Liernes auec les Courbes & Hemicycles.

Chose digne de noter.

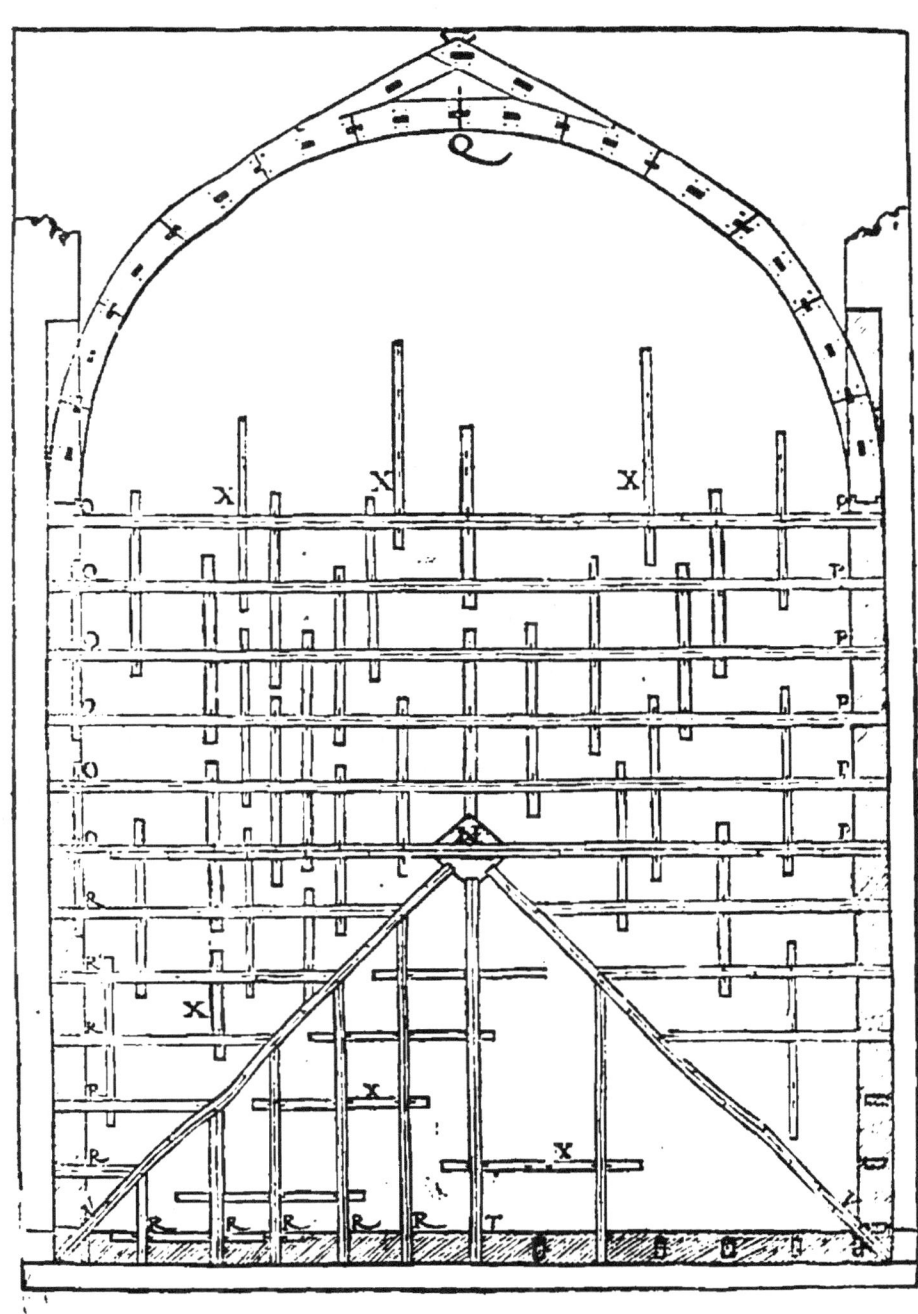

*Pour cognoistre comme il fault faire les Courbes sur le coing, & toutes*
*les Cherches r'alongees pour faire les Croupes*
*des couuertures.*

## CHAPITRE    IX.

V O V S pouuez considerer à la figure suiuant, que al
ligne A B, qui contient la moitié de la largeur de
l'edifice dedans œuure, n'est si longue que la diagonale A C, laquelle ne peut faire du compas tout
d'une uenue l'hemicycle B D E : autrement elle seroit plus haute que ledict hemicycle, & d'autre
sorte de circonference : & ne se pourroit accorder
pour faire les couuertures unies : car en un lieu elles seroient basses, &
en l'autre plus hautes, qui seroit chose tres mal à propos, & encores de
plus mauuaise grace à uoir. Mais pour faire que tous les hemicycles
& courbes soient accordans, & qu'ilz soient à droicte ligne & au niueau par le milieu au plus haut du faiste, uous ferez que le cercle de
courbe qui est depuis B D E, sera diuisé en tant de parties que uous
uoudrez, ou aussi long comme porteront les pieces de bois que uous
aurez pour les faire de trois piedz, & de quatre, ou ainsi qu'il uous sera
à propos. Cóme uous pouuez uoir que i'ay diuisé tout ledict hemicycle & courbes en neuf parties egales, desquelles la moitié se uoit
marquee B F G H I. Et des poinctz ou sont lesdictes lettres uous tirerez des lignes à plomb perpendiculairement sur la ligne E B, les continuant iusques sur la diagonale A C, dont il est question de faire la
cherche r'alongee. Apres cela uous tirerez les couppes & commissures uenans du centre marqué A, qui seront comme I K, H L : G M,
& F N. Puis uous ferez le semblable qu'auez faict, quand les tiriez à
plomb perpendiculairement sur la ligne E B : continuant iusques sur
la ligne diagonale A C : comme auez faict des autres ou sont marquees les perpendiculaires de mesmes lettres que les courbes de l'hemicycle, comme I K, H L, G M, F N. Cela faict uous tirerez une ligne
en telle part que uous uoudrez. Mais à fin que plus facilement uous
l'entendiez, nous nous aiderons de la ligne E B, sur laquelle uous tirerez uoz perpendiculaires de telle sorte qu'elles soyent en angle bien
droict & parallele, ou si uoulez que ie parle comme les ouuriers, bien
à l'equierre & iaugee : puis de la longueur de la diagonale A C, uous
mettrez les espaces & interualles comme ilz sont marquez en la figure. Premierement doncques uous prendrez auec le compas l'espace
qui est de A, iusques à I, & la raporterez à E O, car telle sera sa distance
& longueur. Comme aussi de A K, à E P, de A H, à E Q, de A L à E R,

Felicité de
demonstrer
cóioincte a-
uec facilité
n'est à tous
donnee.

Pour rendre
les cherches
& courbes
accordantes.

Maniere de
trouuer &
faire les cher-
ches r'alon-
gees.

Deductió de
la figure par
le menu.

Declaration de la figure fort particuliere.

de A G, à E S, de A M, à E T, de A F, à E V, de A N, à E X, & de A o, à
E Y. Et tout cela estant rapporté bien iustement auec le compas, uous
uiendrez prendre la hauteur depuis la ligne droicte, sur quoy a esté fait
l'hemicycle qui est B D E, de toutes les pieces des courbes, tãt par la ligne de l'hemicycle de dessoubz que celle de dessus. Cõme quoy, uous
porterez la hauteur de ß F, à V æ: puis de B N, a ꭓ ꞇ. Semblablemẽt uous

Figure & dessein selõ toutes les par ties & inter pretations.

rapporterez l'autre ioinct qui est de G M, cõme auez faict cy deuant,
sçauoir est de G, à ꞇ ꞇ: de ꞇ M, à T Z: apres uous prendrez l'autre
hauteur de H L, & la rapporterez a ꞇ φ. Vous pourrez le tout ainsi conduire, pourueu que les lignes soiẽt bien equidistãtes & paralleles à la
ligne E B. Et par ainsi uous rapporterez I K au poinct o & ꞇ, puis uous
tirerez un traict du poinct de ꞇ, à celuy de o, pour faire les commissures: & du poinct de φ, à celuy de ꞇ: & de ꞇ, à z: & de ꞇ à ꞇ. Apres cela

Demonstra- tion fort biẽ poursiuiuie.

uous regarderez les poinctz ꭓ ꞇ φ ꞇ, & les chercherez auec le compas, & en prẽdrez trois poinctz à la fois, comme de ꭓ ꞇ ꞇ, & ainsi des
autres: & les ferez si dextrement, que tout se puisse bien adoucir. Et
plus uous ferez des lignes perpendiculaires sur la diagonale (comme
celles qu'auez faict par cy deuant) plus uous sera aisé à conduire uni-
ment ladicte cherche r'alõgee sans qu'il y ayt iarret. Chose semblable
uous faut faire par le dessus pour trouuer les poinctz ꞇ ꞇ z ꞇ o & ꞇ. Et

Comme se doiuent tail- ler les pieces pour la cher che r'alon- gee.

ainsi conuiendra tailler les pieces qu'il faudra pour faire la cherche
r'alongee pour cõstruire les crouppes, de la sorte que se trouue ladicte
cherche r'alongee, tant par ses commissures qu'autres. Et pour ce faire
faut leuer les panneaux comme le premier, qui se monstre par X Y ꞇ ꞇ.
Et le deusieme, par ꞇ ꞇ z ꞇ. Et ainsi des autres. Par ces panneaux uous

Combles de couuertures bien unis.

trasserez uoz pieces pour les tailler, & par ce moien ne sçauriez faillir que ne faisiez les combles des couuertures & crouppes bien unies,
qui s'accommoderont de bonne grace, comme il faut. Le tout se peut
facilement uoir par la figure suiuant.

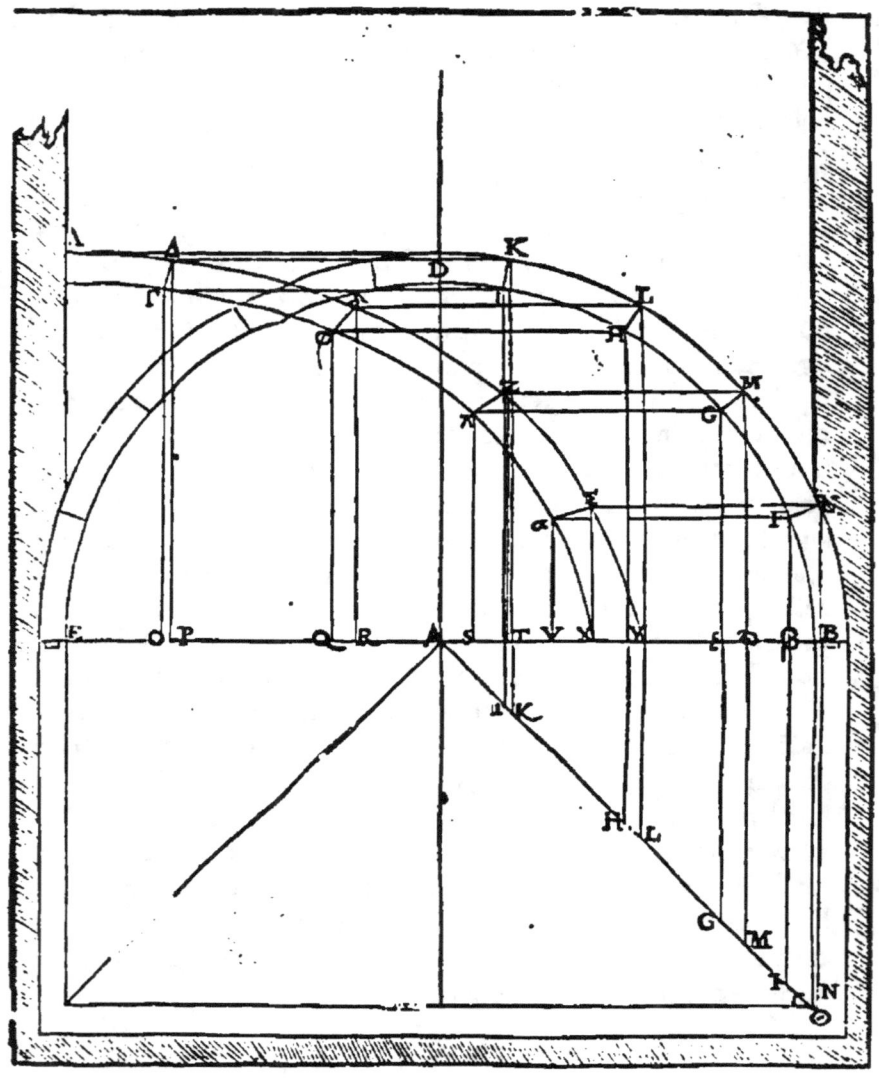

*Maniere de trouuer les trois poinctz perdus pour s'en aider à faire les cherches r'alongees.*

## CHAPITRE X.

PARAVTANT que c'est grande peine de trouuer les poinctz des cherches r'alongees, ie les ueux icy mõstrer facilement. Il y faut doncques proceder comme quand on cherche les trois poinctz perdus, en ceste maniere. Vous disposerez trois poinctz cõme pourroiét estre A B C, en telle sorte que uous uoudrez, pourueu qu'ilz ne soient en droicte ligne. Puis prendrez un compas,

*Façon & ma niere de trou uer les trois poinctz per dus.*

duquel vous mettrez un des piedz sur le poinct A, & de l'autre uous fe
rez deux petites lignes, comme celles que uous uoiez D F, remettant
une iambe dudict compas sur le poinct B, & faisant trois lignes, comme celles de G H I. Cela faict, uous le remettrez sur le poinct C, & ferez encores deux autres lignes comme celle de K L, puis tirerez une ligne des entrecouppemés, comme uous uoiez des poinctz M N, & une
autre du poinct O à P, & là ou s'entrecoupperont lesdictes lignes, *uerbi
gratia*, à la marque Q, sera le centre pour faire la circonference à trouuer les trois poincts perdus. Mettant donc un des pieds dudict compas
audict centre marqué Q, & l'autre produisant iusques au poinct de
A, faisant une circonference, il passera sur les poincts que uous cher-
chez A B C. Et ainsi uous faut il chercher ceux de la cherche r'alongee,
comme pourrez mieux cognoistre par ceste figure.

*Enseigne-*
*ment digne*
*de noter ůt à*
*Architectes,*
*qu'à tous au*
*tres artisans.*

*Familiere*
*demostratiő*

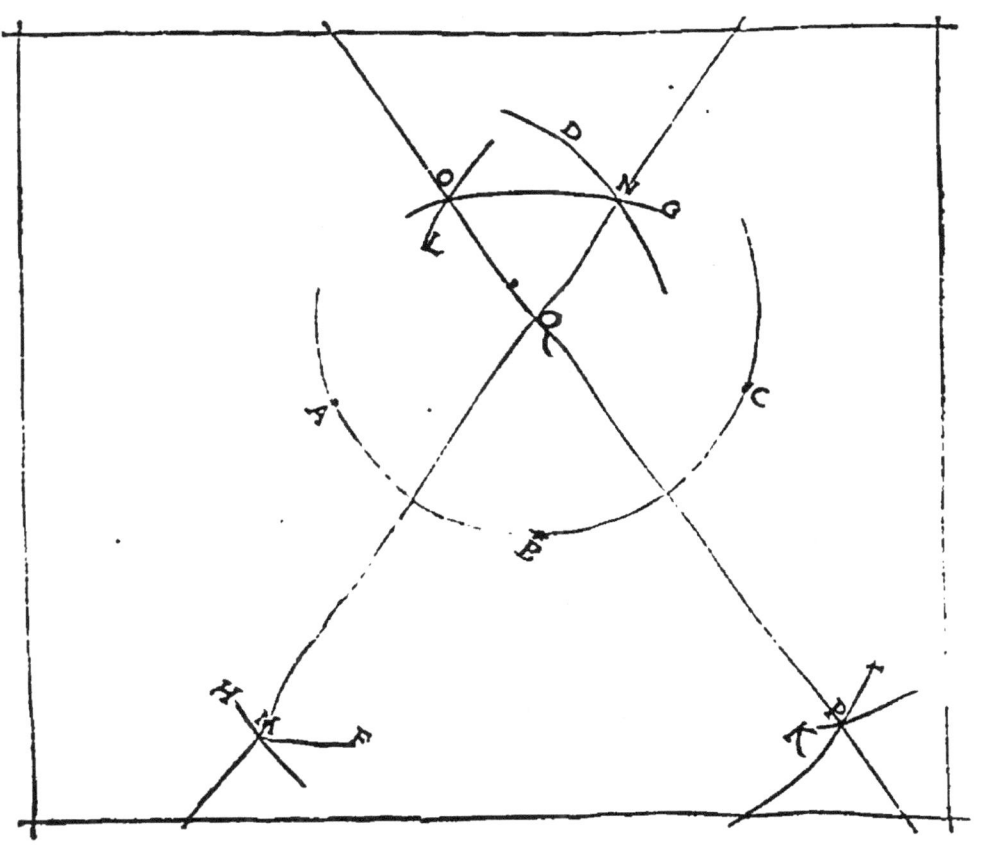

La façon pour trouuer les Courbes & Cherches r'alongees
par autre stile & moien.

CHAPITRE XI.

ELLES courbes & cherches r'alongees se peuuent faire
en autre sorte que n'auons dict, comme uous pouuez
voir par la figure suiuäte. Doncques apres que uous aurez faict le demy cercle ou hemicycle E C B, uous diuiserez la moitié du diametre qui est A B, en tät de parties
egales que uous uoudrez: pourueu que l'une soit aussi large que l'autre: ainsi comme il se uoit que ie les ay mises en huit parties. Puis uous
tirerez à plomb & perpendiculairemét lesdictes lignes, comme uoiez
D E F G H I K, iusques à ce qu'elles touchent le demy cercle B C, &
qu'elles facent bien les angles droicts sur la ligne A B. Apres cela uous
prendrez la longueur de la ligne diagonale A L, ou il faut faire dessus
la courbe & cherche r'alongee, pour ce qu'elle se trouue plus longue
que la moitié du cercle qui est sur la ligne A B, comme auons dict cy
deuant. En apres uous tirerez les lignes perpendiculaires de telle sorte
qu'elles facent angle droict sur la ligne A L: & les diuiserez comme
celles de dessus en huit parties egales sur ladicte ligne A L. Ausquel-
les uous r'apporterez toutes les hauteurs de celles qui sont au demy
cercle, comme celles de A C, à celles de A M: & de N O, à X Y: & de
P Q, à Z &: & ainsi des autres. Et tant plus uous en ferez de parties, cöme de huit en faire seize, ou trête deux, plus uous sera aisé de faire ladicte cherche r'alongee, & en sera sa circonference plus adoucie.
Apres auoir faict tout cela, uous regarderez les trois poincts M Y Z,
& les trouuerez auec le compas, & ainsi des autres. Lesquelz uous prédrez de trois poincts en trois poincts, iusques à ce qu'il soit faict comme ie uous ay monstré cy deuant. Et cela paracheué uous en ferez au-
tät par le dessus au cercle signé A pour trouuer l'espoisseur des courbes.
En apres, uous ferez les ioincts ou commissures pour les assembler, uenants du centre du compas quand il a faict sa circonference, & les diuiserez en telle lögueur que uous aurez le bois propre, ou de telle sorte que les uoudrez faire. Si uous aimez mieux la façon que uous ay
mis cy deuant, uous le ferez: & ainsi toutes cherches r'alongees que
pourrez auoir affaire, trouuerez par ceste uoie: si ce n'estoit que le lieu
auquel uous bastirez fust biaiz ou rampant, ou bien subiect à quelque
lucarne ou fenestre: car lors pourroit estre qu'il seroit plus difficile, &
faudroit faire autrement. Mais il se trouuera assez de gétils espritz qui
y sçauront donner bon ordre: qui ne l'entendra, faut qu'il demäde cö-
seil. Ainsi que les choses se presenterört, ie möstreray cöme il les faudra

*Autre façon de trouuer courbes & cherches r'alongees.*

*Continuatiö de la demö-stratiö & en-seignement precedent.*

*Fort bon pre cepte & di-gne d'obser-uation.*

*Empesche-mens des lieux estre cause du chägement de charpenterie & maçonne-rie.*

D ij

faire, esperãt que tous ouuriers, quelque peu d'esprit qu'ilz aient, m'entendront incontinent pour s'en bien sçauoir aider. Apres doncques
uous auoir monstré à faire uoz courbes r'alongees, & le moien de les
bien conduire, reste cy apres uous enseigner par exemple comme lon
peut faire plusieurs sortes de combles & couuertures. Cy dessoubs
vous uoiez la figure declaratiue de ce que nous auons escrit au present chapitre.

Preparatif
pour le sui-
uant chapi-
tre.

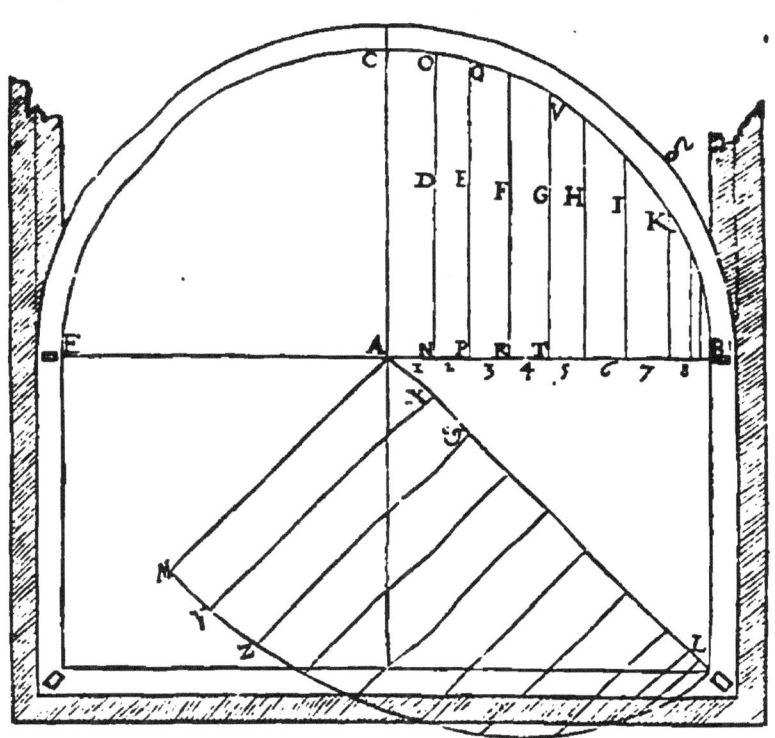

*Exemple prins des Combles & Courbes r'alongees appliquees aux Crou-*
*pes des pauillons qui sont sur la chappelle & escalier du cha-*
*steau de la Muette de sainct Germain en Laye.*

## CHAPITRE XII.

Pratique &
exemple du
precedét cha
pitre.

A FIN que lon cognoisse mieux comme il faut mettre
en œuure les courbes & cherches r'alongees, i'ay mis
par exemple les figures suiuantes, par lesquelles uous
uoirrez comme sont appliquees les courbes r'alongees aux côbles & couuertures des crouppes des pauillons que i'ay faict faire entre ·utres au chasteau de
la Muette de sainct Germain en Laye, au pauillon de l'escalier & celuy

16

de la chappelle. Vous uoïez comme lefdictes courbes marquees A B, se trouuent r'alongees, & ayāts plus de peine & charges en œuure que toutes les autres, pour plusieurs autres courbes qui s'y uont assembler, cōme celles de C D F : qui ne sont sur les angles, cōme celles que i'ay dict cy deuant, qui se fondent sur le coin d'une place quarree par le bout d'un corps d'hostel, mais celles icy sont en œuure sur le plā, cōme la moitié d'un octogone, que les ouuriers appellent vulgairement, à pan couppé, combien que le pan ou face du milieu soit plus grād que celuy des costez. Mais quelques crouppes que ce soient, elles se font de mesme raison comme i'ay declaré cy deuant. Car en prenant tou-tes les hauteurs des commissures, & trouuant les lignes perpendiculai-res dessus la diagonale du plan de l'œuure, sera tousiours facile la co-gnoissance de les faire. Ce que pouuez uoir par la mōtee de la crouppe de charpenterie aux deux figures cy apres descriptes. Cela faict, il est tres facile de iuger & cognoistre comme telles choses sont mises aux angles, ainsi que i'ay dict cy deuant. Et me semble que cecy suffit quant aux cherches r'alongees, sans plus longue escripture : laquelle ne seruiroit que pour donner peine aux bons entendemens, & aussi qu'il y a plusieurs gentilz espritz qui en pourront faire à leur fantasie, & trouuer parauenture autres inuentions, dont i'en seray tres aise. Et croy qu'ilz diront que ie les auray aduisez de telle façon, de laquelle ilz pourront bien faire leur profit.

*Enseigne-mēt de pré-dre toutes sortes de crouppes.*

*Prolixité en-gendre en-nuict.*

*Faut reco-gnoistre ceux de qui on apprend.*

D iiij

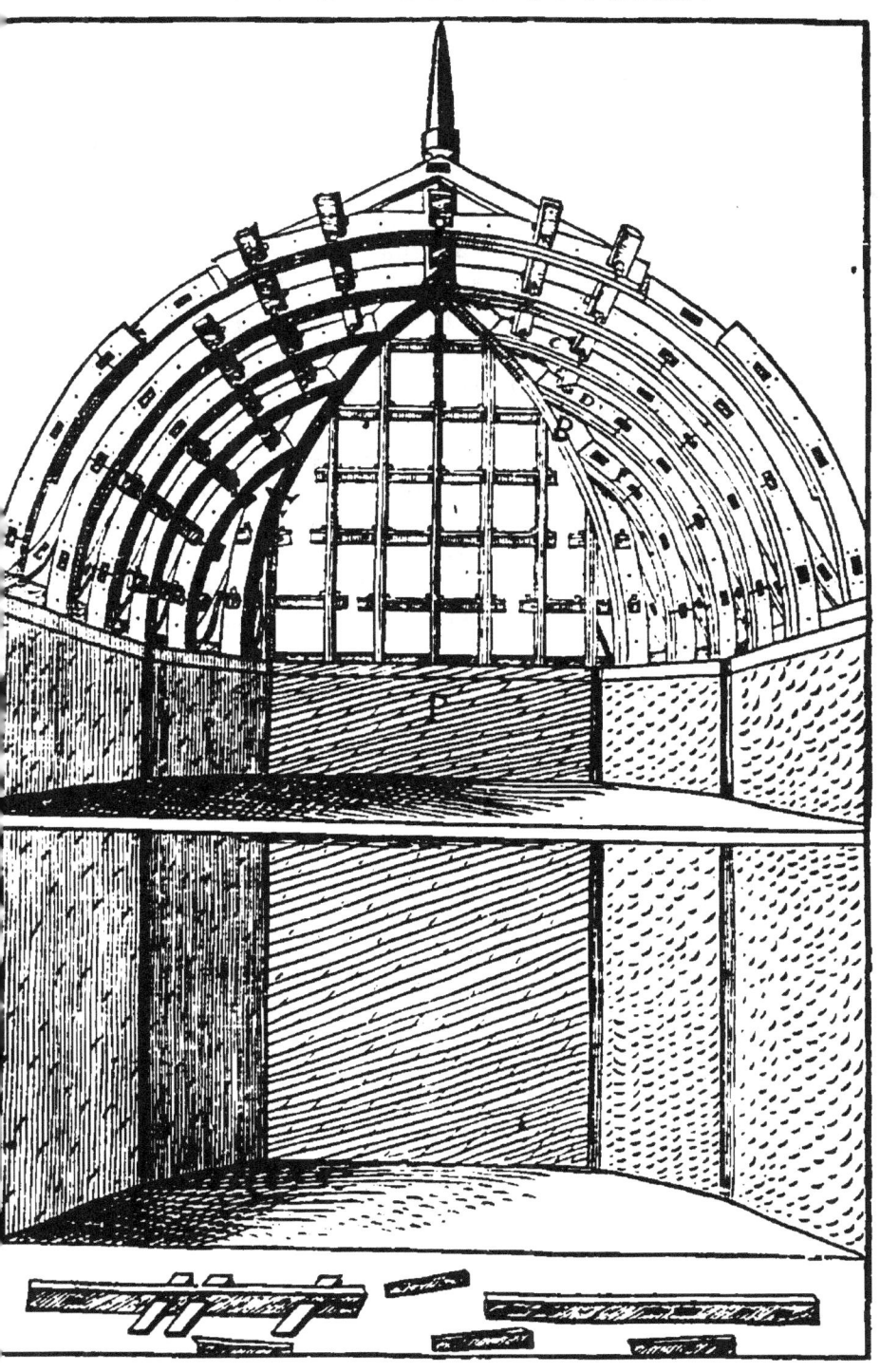

**P**OVR ne rien oblier à uous dire, ie uous vueil aduertir que quand uous faictes ainsi la charpenterie ou se trouuent telles crouppes ou cherches r'a-
lôgees, il faut mettre au plus haut de la crouppe une
piece de bois de trois ou quatre piedz de longueur,
& de six, sept, ou huit poulces de grosseur, taillee à
pan, ou ainsi que uoirrez qu'aurez affaire : & qu'elle
soit entaillee au bout par le milieu aussi profond que la courbe marquee B, est large. Et à la moitié de ladicte piece, qui est du costé de la
crouppe, uous ferez plusieurs mortaises pour y assembler toutes les
courbes r'alôgees, & autres, côme uous uoiez à l'endroit de C. Ce que
uous sera facile à cognoistre par la figure cy apres mise. Et le surplus de
telle piece de bois marquee F, seruira à faire un poinçó pour mettre au
plus haut une baniere, vase, ou telle decoratiô que lon uoudra. Aussi
cela sert pour y assembler les coiaux marquez G, pour faire la pente,
& vuidange des eauës, & assembler les faistes ou soubfaistes, comme
uous uoiez à la mortaise marquee I, pour continuer la charpenterie
de la longueur du bastiment qu'aurez à faire. Et le pourrez mieux cognoistre par la suiuante figure.

Aduertisse-
ment & en-
seignement
digne de no-
ter.

Vsage des
poinços que
lon met au
plus haut
des basti-
mens.

Pour la vui-
dange des
eaües.

D iiij

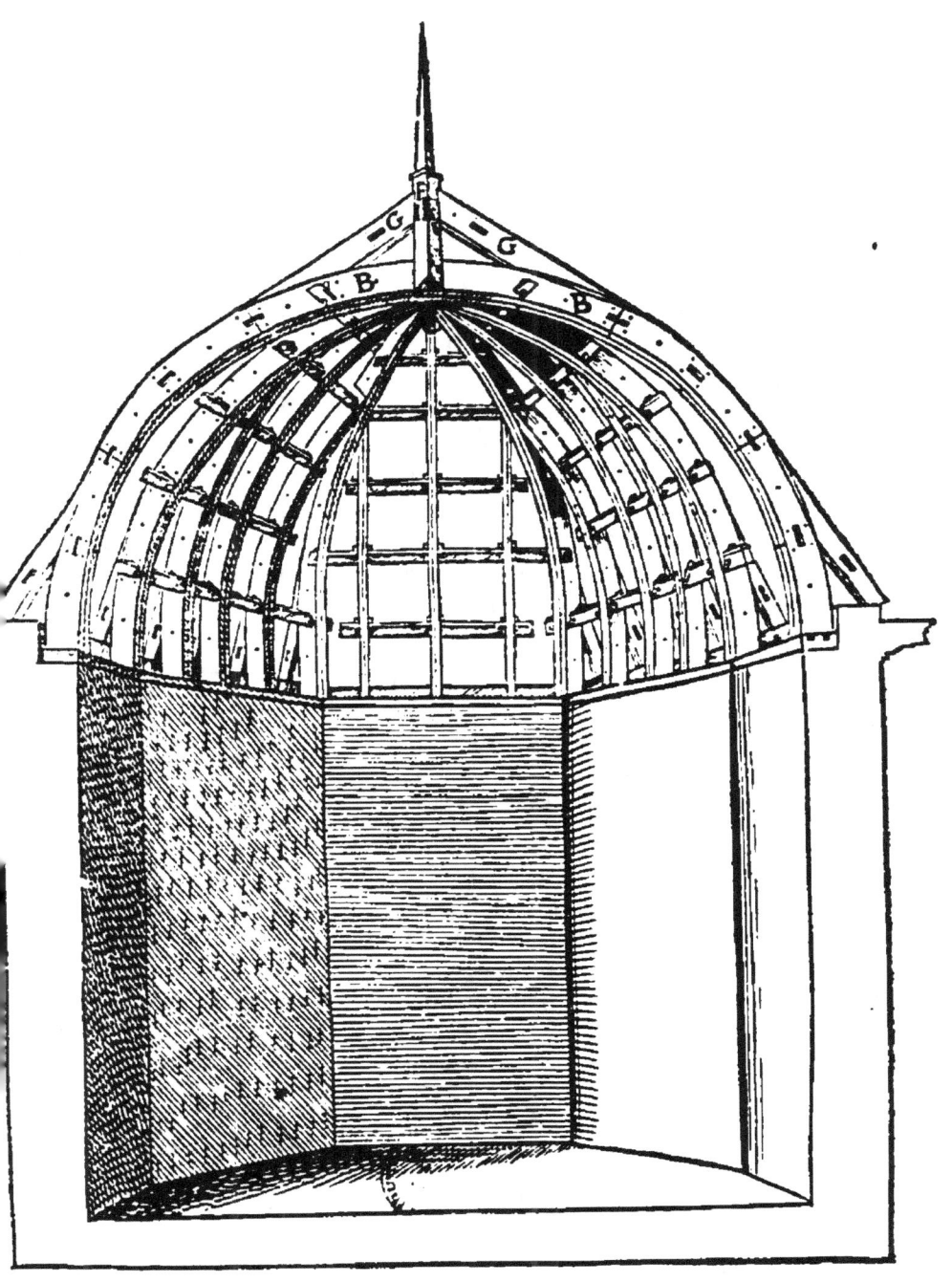

*Pour cognoiſtre plus facilement comme les pieces des Courbes
ſe doiuent aſſembler auec les Clefz, Liernes, & Coiaux
qui ſont ſur les Entablements des murs.*

### CHAPITRE XIII.

'A Y uoulu repreſenter à la figure ſuiuante les pieces à faire les courbes de plus grand uolume que
celles qui ſont parcydeuant: à fin que plus facilement lon puiſſe entendre tant leur groſſeur & largeur, que leur aſſemblage auecques les liernes &
façons de coiaux que lon met ſur les murs, pour
mieux faire eſcouler la vuidange des eaües, ſans
qu'elle puiſſe rien gaſter, ne pourrir leſdictz murs. Combien que i'aye
parlé quaſi de choſe ſemblable parcydeuant, mais elle m'a ſemblé n'e-
ſtre aſſez intelligible, & auſſi que lon n'y uoit pas la forme deſdictz
coiaux. Et pour la bien entendre, eſtimez que la muraille marquee K,
ſoit de deux piedz & neuf poulces de large, comme il eſt eſcript: dont
uous en prenez treze poulces pour mettre la platte-forme de la charpenterie, comme ſe uoit ſigné L. Le reſte de la muraille eſt d'un pied
& ſix poulces, comme ſe uoit eſcript. Et ſur la platte-forme de la charpenterie marquee N, qui eſt plus baſſe que l'entableme̅t de la muraille
marquee M, le premier aix ou la premiere piece aura trois piedz de lõ-
gueur, ou deux ſi uous uoulez (en cela n'y a point de ſubiection, car
ſera ſelon la cõmodité du bois que uous aurez) & un pied de largeur:
& ſi uoulez le deſſoubz ſera tout droict, ſans l'arrondir ne cintrer. Ce
qui n'eſt point de beſoing, ſi uous ne uoulez faire uoſtre couuerture
pour y faire lambris, & uous en ſeruir de chambre, ainſi que pouuez
uoir N O. Apres uous mettrez l'autre piece enſuiuant, qui eſt O P, &
doit eſtre deux fois plus longue que celle de O N, & ainſi des autres,
comme uous auez ueu parcydeuant. Les coiaux marquez Q, ſont aſſemblez auec telles pieces cõme uous uoiez par ce portraict: & ſuffit
qu'ilz ſoient de ſept ou huit poulces de large: mais faut qu'ilz ſoient
tous de meſme eſpoiſſeur que les pieces dequoy ſont faictes les courbes, à fin que les clefz qui paſſe̅t à trauers les liernes les puiſſent mieux
ſerrer & ioindre enſemble. Et telz coiaux auront leur longueur ſi à
propos, & leurs liaiſons ſi bien faictes, que les commiſſures & aſſemblages ne ſeront point l'un endroict de l'autre: & ſi ſeront leſdictz
coiaux aſſiz ſur la muraille auec une petite retenue faicte en l'entable-
me̅t, qui donnera une grãde force à l'œuure. Comme pouuez uoir au
lieu marqué R. Et au plus haut, contre les courbes, une autre retenue marquee S. Et cela ſert encores à entretenir la charpe̅terie, & à luy

Pour la groſ-
ſeur & lar-
geur des
courbes.

Declaration
& demõſtra
tion de la fi-
gure enſui-
uante.

Application
des coiaux,
& leur na-
ture.

Continua-
tion des par
ties de la fi-
gure.

dõner plus de force. Par le milieu des coiaux uous y mettrez un court
de liernes qui foit au droict de eeux des courbes, à fin qu'une mefme
clef puiffe feruir & ferrer les deux enfemble: & tiendra lefdictz coiaux
fi eftroictement, qu'ilz ne pourront aller ny ça ny là, comme pouuez

Quel'esd si-
ci eftre les
roifeurs des
crues.

uoir aux lettres V & T. Et quant aux groffeurs des liernes, elles fe font
toufiours felon la grandeur de l'œuure, & en proportion de la grandeur des pieces des courbes. Et faut qu'elles aient quatre poulces de
largeur , & un poulce & demy d'efpoiffeur : & les clefz un poulce & demy de groffeur, & de largeur, trois poulces. La longueur fera
toufiours autant qu'eft la largeur des pieces des courbes. Au droict des
coiaux, aux lieux marquez V, faut que lefdictes clefz foient mifes bien

hofe digne
t noter.

audroict des commiffures & ioinctz d'affemblage, & de force à coups
de marteau, à fin que les pieces des courbes ne fe puiffent ietter, & mettre hors leur lieu. Comme pourrez mieux cognoiftre par la prefente figure.

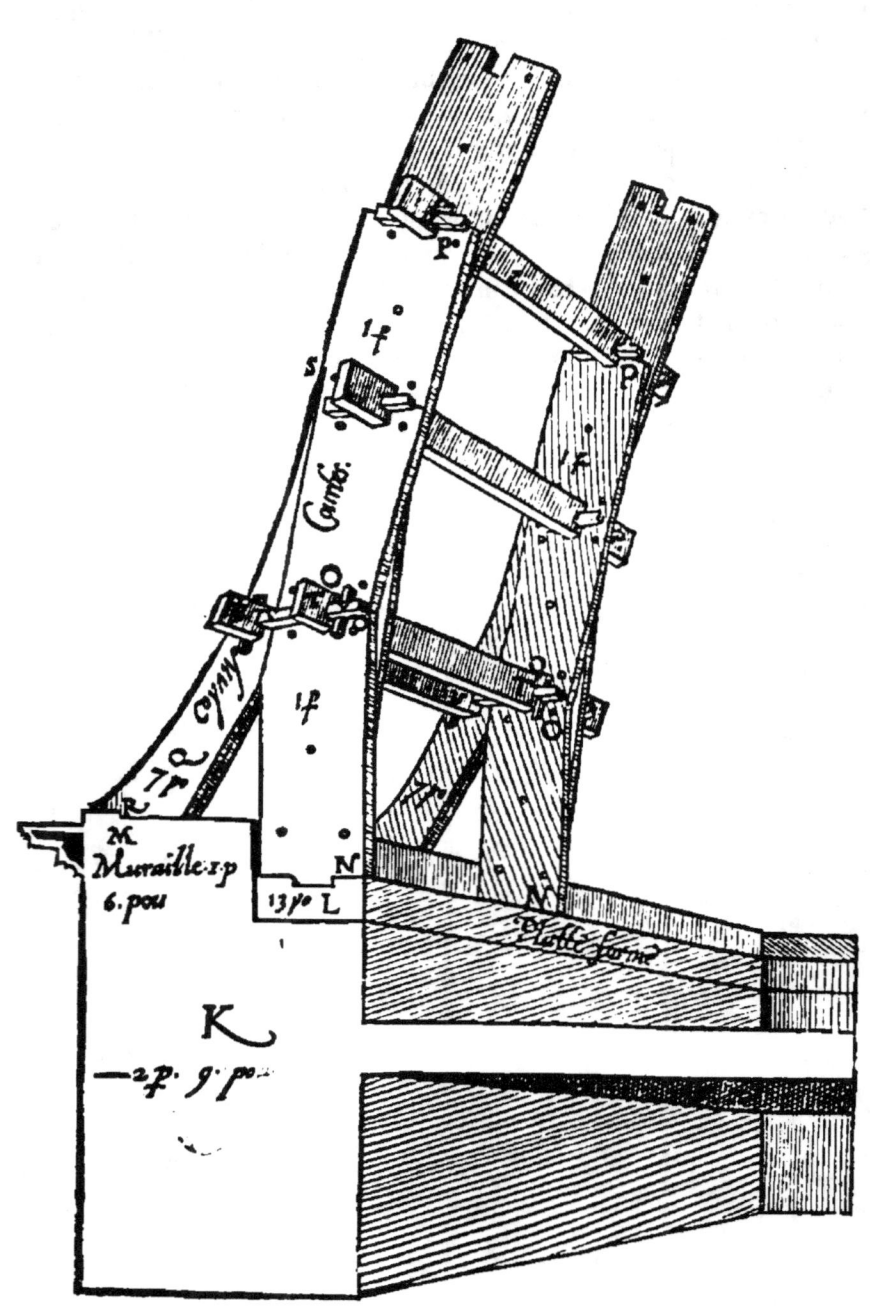

# LIVRE I. DES NOVVELLES

*Comme faut faire les pieces des Courbes & assemblage quand on ueult edifier un Comble de grande largeur, comme celuy de la Muette de sainct Germain en Laye, ou plus large.*

## CHAPITRE XIIII.

**Pour faire vn comble de grandissme largeur par le moié de ceste locution.**

SI vous uoulez faire un comble de grande largeur, comme celuy du milieu du chasteau de la Muette que i'ay faict faire, qui a enuiron dix toises de large dans œuure, ou plus : ou bien un plus grand de 15, de 20, de 30, ou de 50, toises de large, il se peut faire. Mais il ne se faut contenter d'une seule lierne par le milieu, comme à ceux que i'ay descript cy deuant, ains la faut mettre double, & qu'elle soit entaillee d'un demy poulce, & la courbe autant par son extremité, au droict des ioincts ou commissures, de sorte qu'ilz entrent l'un dans l'autre. comme pourrez cognoistre à la figure cy apres, au lieu marqué A B. Et entre iceux uous mettrez autres cours de liernes par le milieu des courbes, côme ceux que i'ay descript par cy deuant, ainsi que uous pourrez uoir en ladicte figure au lieu marqué C. Ilz tiendrôt les coiaux dessus les murs, à telle raison, que ceux qu'auons descripts cy deuant. Et ainsi que uous aurez à faire de plus grandes couuertures, il uous faut tenir uoz bois de plus grande grosseur & plus grande largeur comme de 15 poulces ou 18. Et à ces grandes pieces ie uoudrois que les doubles liernes, comme celles que uoiez marquees A B, fussent à trauers les courbes, & passassent par une mortaise, ainsi que celles qui sont marquees C. pour ce que i'ay cogneu par experience, qu'elles seroient trop plus fortes que d'estre aux extremitez comme sont celles de A B. Mais pour les couuertures & combles des pauillons & maisons que lon faict ordinairement, qui ont enuiron quatre toises de largeur dans œuure, il suffit que les aix à faire les courbes ayent un poulce de grosseur & quatre piedz de longueur. Et aux corps d'hostelz qui auront six toises de largeur, faut que lesdictes pieces à faire les courbes ayent un poulce & demy d'espoisseur. Derechef à ceux qui auront de largeur dix toises, les faut de deux poulces : à ceux de quinze, deux poulces & demy. Et aux bastimens qui auront dixhuict toises de largeur, les pieces auront trois poulces d'espoisseur. Quant aux largeurs desdictz aix, uous les donnerez selon l'edifice qu'aurez à faire. Aux longueurs ie ne uous propose point de mesure, sinon que plus courtes uous ferez uoz pieces, plus l'œuure sera forte : le tout gist au iugemét du côducteur, & à la nature du bois dont il s'aidera, & à la grandeur de l'œuure. Aussi par mesme moien il

fera

fera les liernes & clefz en grosseurs & largeurs selon l'entreprise des
œuures qu'il faict. Le principal est de cognoistre la nature du bois.
Le Sapin, le Chesne, le Charme, le Peuple, l'Arable, l'Aulne, le Noier,
l'Oliuier sauuage & domestique, le Chastaignier, y sont tous bons,
comme nous auons dict au commencement du present liure: uoire
les Saulx, en necessiité & faute d'autre bois. Brief selon la nature des
bois faut faire l'espoisseur des aix à faire les courbes & leurs longueurs
& largeurs, comme ie uous ay dict cy dessus. Vous n'y sçauriez faillir. Pourueu que uous teniez uoz pieces les plus courtes que pourrez:
singulierement au bois lequel cognoistrez estre plus fragile & frangible.
Le tout pouuez uoir & iuger par la figure qui s'ensuit.

Aduertisse-
ment digne
de noter.

E

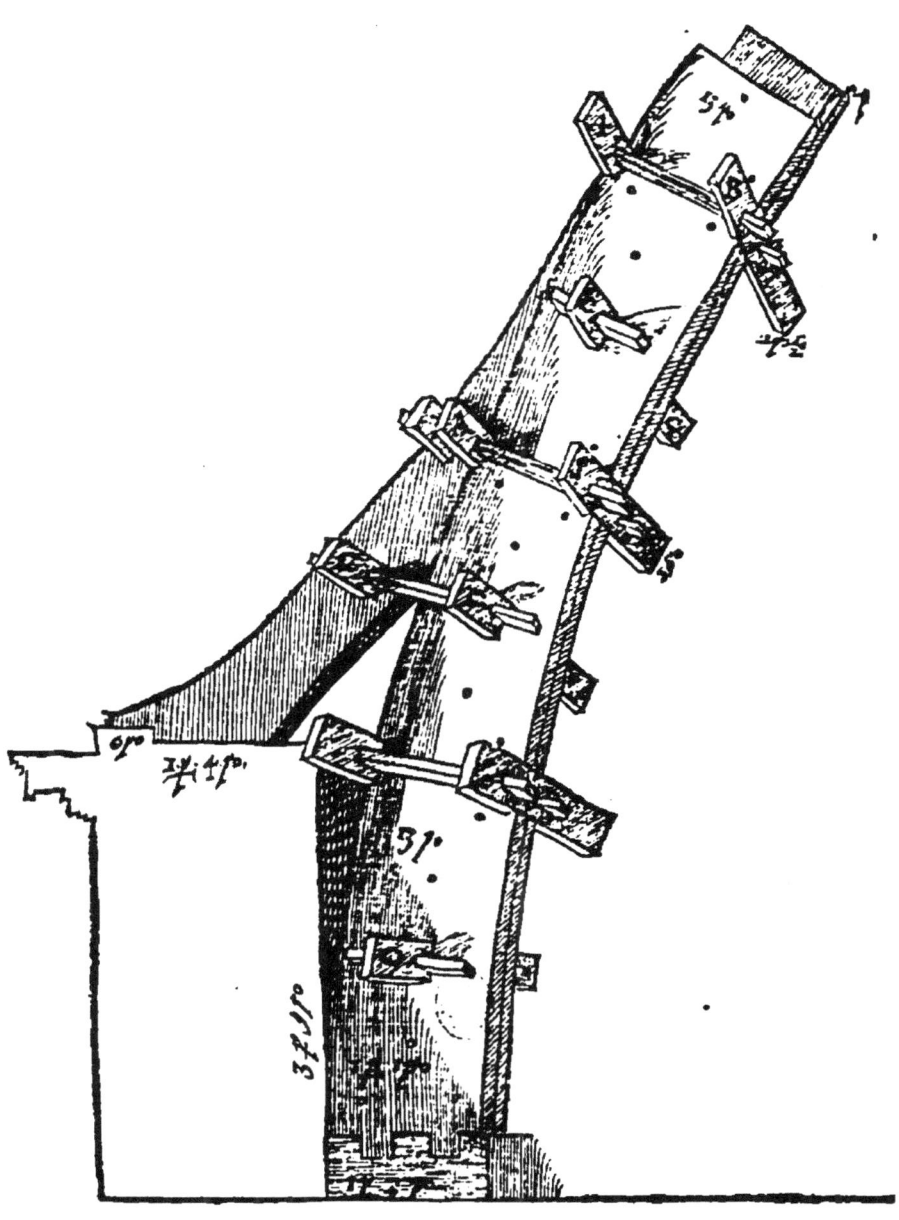

T pour mieux entendre telle matiere, i'ay encores uoulu faire la figure cy apres proposee:qui est la sorte comme le grand comble du chasteau de la Muette est faict,
dont uous ay parlé cy deuant, qui a dix toises de large
dans œuure: & semblera que ce soit une reditte, mais il
uient à propos pour en auoir mieux l'intelligence. Aussi ie ueux monstrer côme au dessus de telle couuerture, & par le milieu au plus haut
y a une terrasse en façô de gallerie auec ses appuiz:dôt en uoiez la moitié à ce deseing au lieu marqué B, pour uoir la forest & la chasse : duquel lieu se prend grand plaisir à uoir courir le cerf, & entédre l'abboy
des chiens. Tel assemblage de charpenterie s'est faict à double lierne
dessus & dessoubz, entaillé dans les pieces qui font les courbes: côme
se peut uoir en celles cy, que i'ay figuré plus grandes, à fin qu'on les
puisse mieux conceuoir aux lieux marquez S, & aux liernes marquees
T. Ie n'ay regardé de les faire d'une mesme grandeur,pour estre conuenable que telle grosseur de lierne, que i'ay figuré,sceust seruir aux
courbes:ie tend seulement à faire intelligible l'œuure à un chacun.
Quand les liernes sont entaillez par la moitié, & les courbes aussi,ainsi
que uoiez au lieu marqué S,ilz se mettent si dextremét l'un dās l'autre,
qu'ilz ne peuuét aller ny ça ny là,ne hausser ne abbaisser,pourueu q̃ les
espaules tiénét biê,& qu'il ne uiéne faute du fondemét ne des murs qui
les portent. Et les clefz, & doubles clefz, mises aux liernes par les deux
bouts,se tiénét si fortes ainsi assemblees que rien plus,côme ie uous en
laisse à iuger,& le pouuez uoir à l'endroit de la figure cy dessoubz, ou
est marqué D. Et encores entre telles doubles liernes il s'en met d'autres comme aux combles communs,ainsi que les uoiez aux lieux marquez V, à l'endroit des mortaises,comme auez entendu par cydeuant.
Et me semble que c'est chose si forte,que nô seulemét elle est suffisante pour porter ardoise,mais pour estre couuerte de pierre de taille, ou
de grosse maçônerie,qui uoudra.Et pourueu q̃ les murailles soient bô-
nes,& l'espoisseur suffisante pour faire espaulettes, qui les retiennent
bien par les costez, uous pouuez faire de telle façon de charpenterie,
plate-forme au plus haut des couuertures, ou au niueau de la hauteur
de la maçonnerie de telles tours que uoudrez, soient rondes ou quarrees. Et se pourra aussi faire façon de terrasse pour y tirer l'artillerie.Ce
que tous bôs esprits peuuét bien considerer.Et si i'auois à faire choses
semblables que i'ay faict faire à ladicte Muette,elles se pourroiét enco-
rop mieux côduire qu'il n'a esté faict:par ce que les ouuriers, pour
n en auoir iamais ouy parler,aussi qu'ilz faisoient grand doute que telle façon fust bône,ne m'ont si bien seruy,ne si bien taillé le bois , comme ie desirois: ce qu'ilz feroient à ceste heure trop mieux,pour l'experience qu'ilz en ueuë.

Grand com-
ble du cha-
steau de la
Muette.

Vsage de la
terrasse de la
Muette.

Grande uer-
tu, se pou-
uoir rendre
intelligible.

Force inesti-
mable des
combles dé
ceste nouuel
le inuêtion

Plate-for-
mes rondes
ou quarrees.
Commence-
més en tou-
tes choses
difficiles.

Experience
maistresse
des choses.

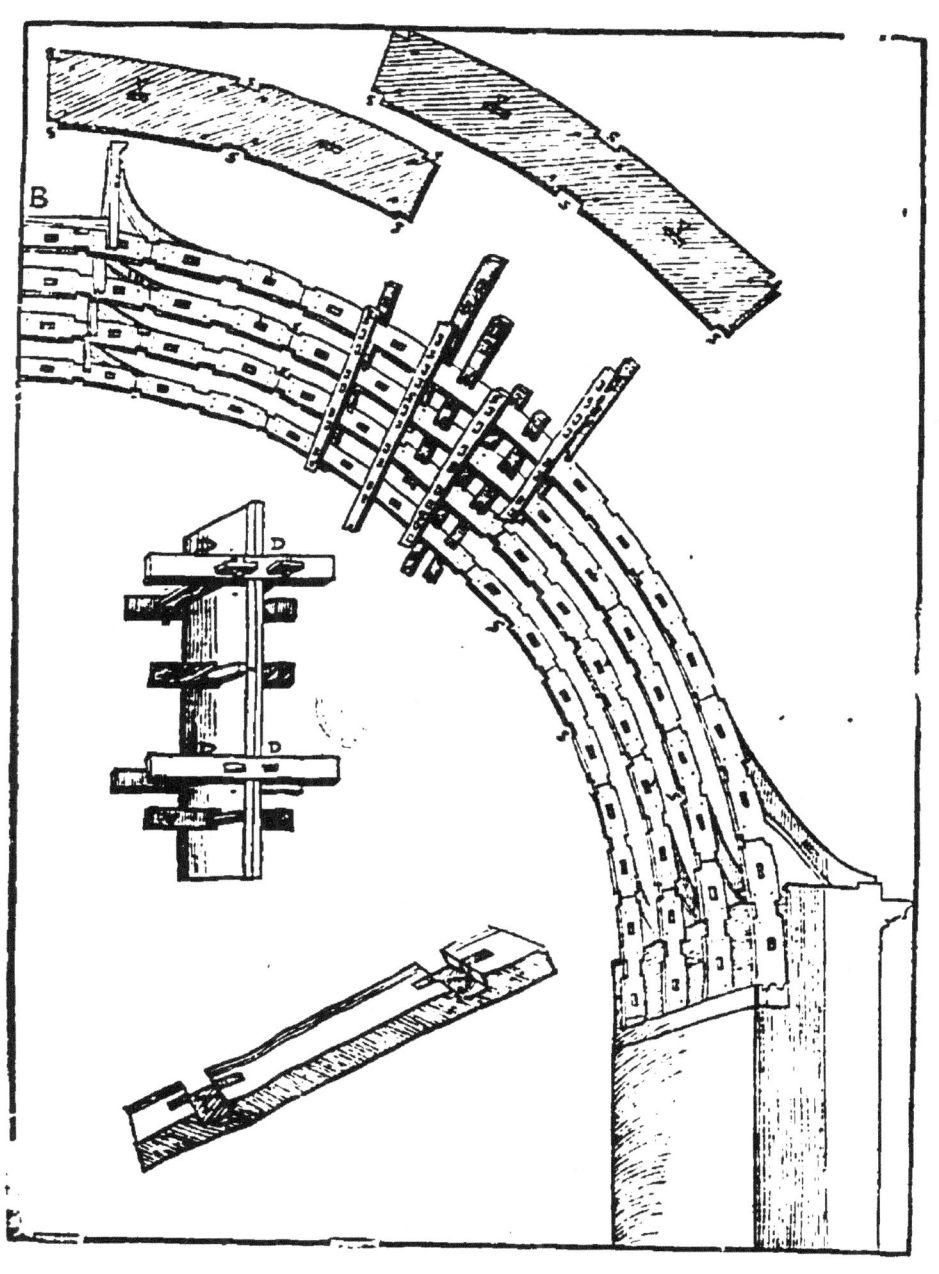

*Comme lon peut faire couuertures de diuerses montees, tant de l'hemicycle*
*que du tiers poinct, & autres. Et sera aussi facile d'y mettre tuille*
*ou ardoise, qu'à celles qu'on a accoustumé de faire, laquelle*
*s'assemblera & ioindra autant bien que toutes*
*autres que lon sçauroit faire.*

### CHAPITRE XV.

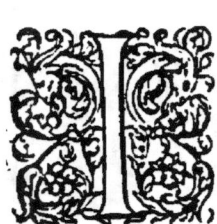

E uous vueil encores aduertir, que ie sçay qu'aucuns se trompent faisans couuertures par ceste
nouuelle Inuention, mesmes aux logis qui n'ont
grande largeur. De laquelle la charpenterie, pour e-
stre ronde tant pardessus que par dessoubz, quãd ilz
la ueullét couurir de tuille ou d'ardoise qui est longue, ne se peut ioindre & bien coucher, ains entrebáille, faisant ouuerture par le dessoubz, dont est facile que le
uent y porte pluie ou neige, qui est la cause qu'aucuns ont uoulu mes-
priser telle Inuention: mais en cela y a plusieurs remedes. Car le dessus
de telz petits combles se peut faire quasi droict : de sorte que la tuille
ou l'ardoise se couchera si bien, & ioindra tellement, que le uent n'y
pourra faire offense. Et aussi, qui uoudroit user d'espargne, faudroit
faire seruir toutes les pieces d'ardoise qui sont rompues, uoire quand
elles n'auroient que la moitié de longueur, car elles seront fort bonnes pour cela. Quant à la tuille, la petite y sera fort propre, iaçoit qu'elle ne soit la meilleure. Seroit toutefois le plus expedient, en faire mou-
ler expressément. Et qui ne se uoudra mettre en peine de ce, faudroit
commander faire les charpenteries comme uous uoirrez à la figure
cy apres, laquelle compréd & monstre trois façons d'y proceder. Aux
quelles uous pourrez seruir de tuille & d'ardoise des lõgueurs accoustumees, sans qu'elle entrebáille ou fasse ouuerture par le dessoubz. Et
serõt lesdictes couuertures aussi droictes que celles qu'on faict à present. Qui uoudra ne faut que tirer la montee au lieu d'un hemicycle
ou demy rond, & la faire en tiers poinct ainsi que uous uoiez les for-
mes des uitres aux Eglises modernes. Comme quoy, au lieu que l'hemicycle se prend d'un centre, ces façons icy se prennent de deux : ainsi
que pouuez cognoistre par la figure ensuiuãte, en laquelle le lieu marqué C, de toute sa largeur se diuise en trois parties egales, desquelles
faut prendre les deux, & mettre la poincte du cõpas sur un des centres,
& l'autre sur l'extremité de la largeur, & en faire la circõference. Apres
uous remuerez ledict compas & le mettrez en l'autre cẽtre, & en ferez
autant pour l'autre costé, & uoirrez la montee qui sera beaucoup plus
haute que le demy rond. Mais il faudroit auoir deux centres (ainsi que

Faute d'au-
cuns noulis
entreprédre
ceste nouuel
le Inuentió.

Responce à
aucuns uou-
lans mespri-
ser ceste nou
uelle Inuen-
tion.

Bon conseil
& digne de
noter à bons
esprizt & in-
genieux.

Vsage du cõ
pas en ceste
Inuention.

E iiij

nous auons dict) pour changer la poincte dudict compas à faire telle circonference des deux coſtez : comme uous uoiez en ladicte figure ſuiuante. Si uoulez les couuertures plus hautes, & que le comble ſoit plus droict, il ne faut que diuiſer la largeur de l'œuure en quatre parts, & en prendre les trois pour tirer la montee, comme uoiez à la marque D. Ou ſi uous uoulez encores faire uoſtre œuure d'auſſi grande hauteur comme ont de couſtume aucuns charpétiers, ainſi le pouuez faire. Faut prendre auec le compas la largeur de tout le baſtiment, cóme uous uoirrez par la marque E, en ladicte figure, & mettre une poincte d'iceluy au lieu de H, & l'eſtendre iuſques au poinct de G, & faire la circonferéce iuſques au poinct F, qui eſt le plus haut du comble, puis remuer le compas & faire autát de l'autre coſté de H à F, & uous uoirrez la forme d'une haute couuerture, qui eſt auſſi large que haute par ſes courbes : & ſeroit un triangle equilateral, qui le uoudroit tirer à ligne droicte par les coſtez. Et pour prendre les largeurs des courbes faudroit mettre le compas ſur A & B, & faire comme deuãt. Sur toutes ces ſortes de comble la tuille & ardoiſe y ſeruiront, & ſe coucheront auſſi bien que ſur ceux qu'on a accouſtumé de faire. Il ſera bon d'en uſer en aucuns lieux, & d'autres non, ſelon les uents, & autres ſubiections leſquelles y peuuent eſtre. Si uoulez uous ne laiſſerez à mettre par le deſſoubz un hemicycle, ſoit pour ſeruir de lambris, ou pour faire chambres, ou pour garder qu'il n'y ayt ſi grande chaleur ou froidure. Ainſi que pouuez cognoiſtre en la preſente figure à l'endroict marqué K, & de tout auoir meilleur iugement.

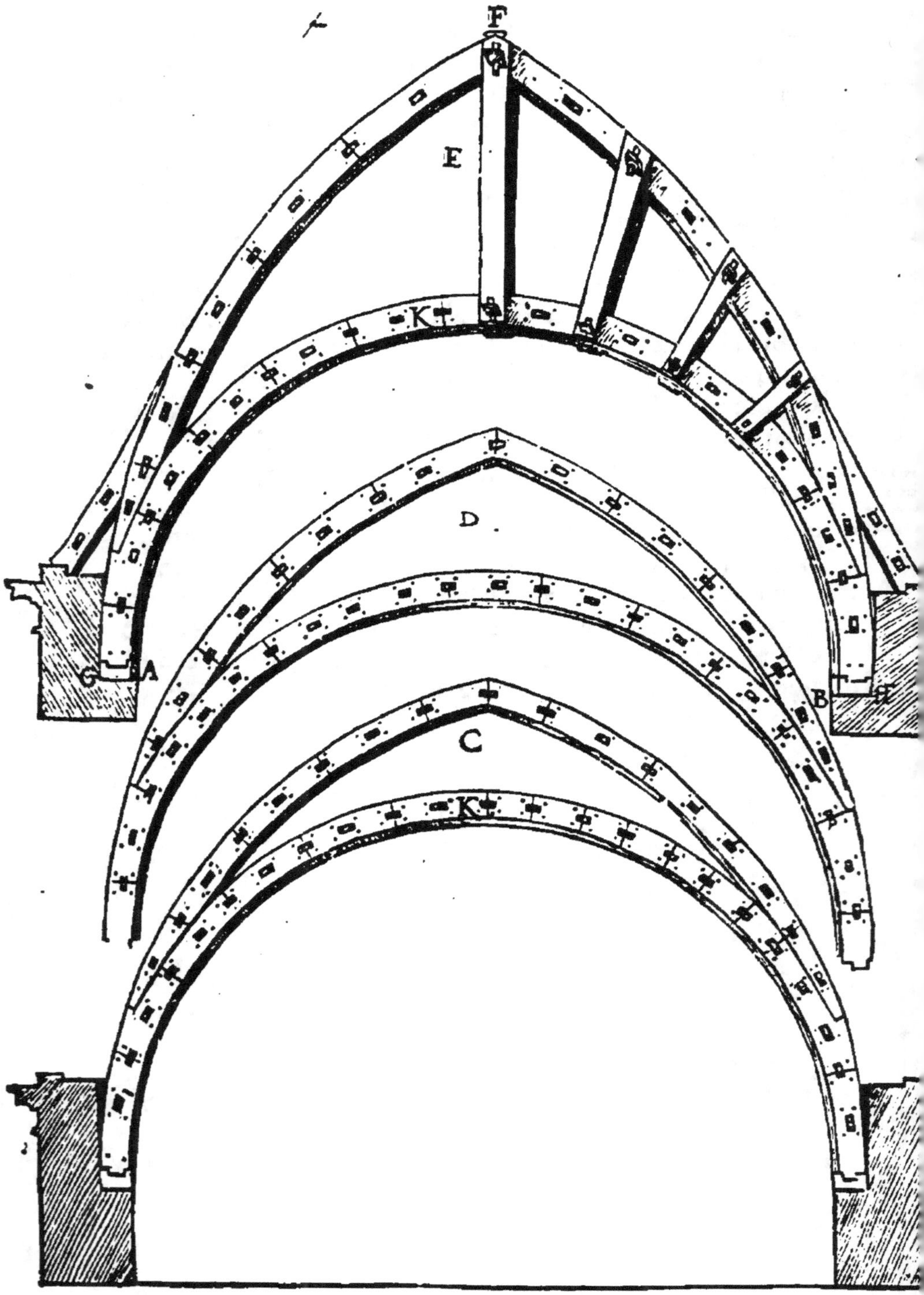

'A y fur ce propos icy defcrit une autre figure auecques quatre rancs de courbes, à fin que uous aiez meilleur iugement
comme telle couuerture de noftre prefente Inuention fe
peut faire fi droicte que lon ueut. Les coiaux qui font fur
l'entablement des murs, affemblez auec les courbes, monftrent qu'il
eft facile, faire l'œuure de telle hauteur & roideur que uoudrez. En laquelle uous ne fçauriez mettre ardoife ou tuille qui ne fe couche autant bien qu'il eft poffible, fans aucun entrebâillement ou ouuerture
par le deffoubz. Qui fe uoudroit aider de telles façons ainfi hautes, feroit fort à propos de faire un hemicycle par le deffoubz, ou un arc fou-
baiffé en anfe de panier, pour y pouuoir prattiquer un dernier eftage

qu'aucûs appellét Galetas, à fin d'y loger & tenir meubles ou ce qu'on
uoudroit. Il fe trouueroit entre la couuerture & l'hemicycle figné K,
ou l'anfe de panier, qui feroit plus à propos pour ce faire, comme i'ay
dict. Vous y pourrez cognoiftre & remarquer un lieu ample & fpa-
cieux pour en tirer grande aifance: par le deffoubz au commencement
des courbes, deffus leur plate-forme, entre icelles, faifant les lambris de
menuiferie, uous y trouuerez commodement place pour faire des ar-

moires de toute la longueur de uoftre edifice par les deux coftez, qui
feront propres pour y tenir confitures, eauës diftillees, papiers, ou autres chofes: & uiendront fort à propos pour fen feruir à tenir liures &
y faire une belle Bibliotheque. On trouuera encores cela plus aifé &
plus commode, par ce que telles armoires ne donneront point d'empefchement dedans le logis, foit que uous en feruiez pour falle, cham-

bre, bibliotheque, ou threfor à tenir tiltres, pour eftre ainfi fur la muraille: & entre les courbes de la couuerture. Ie penfe icy une façon que
ie ne puis efcrire pour fa longueur, c'eft que lon pourroit accómoder
le lieu en faifant ladicte couuerture de telle forte, qu'on y pourroit tenir quelque chofe en fecret, fans auoir crainte du feu, quand bien on le

mettroit à la couuerture. Vous pouuez cognoiftre par la figure cy a-
pres, au lieu marqué B, ou ie uoudrois faire telles armoires qui auroient deux piedz de largeur: la hauteur feroit de l'entablement des
murs. Vous les ferez plus fpacieufes fi uous uoulez. Ce fera felon la
grandeur de l'œuure que uous entreprendrez.

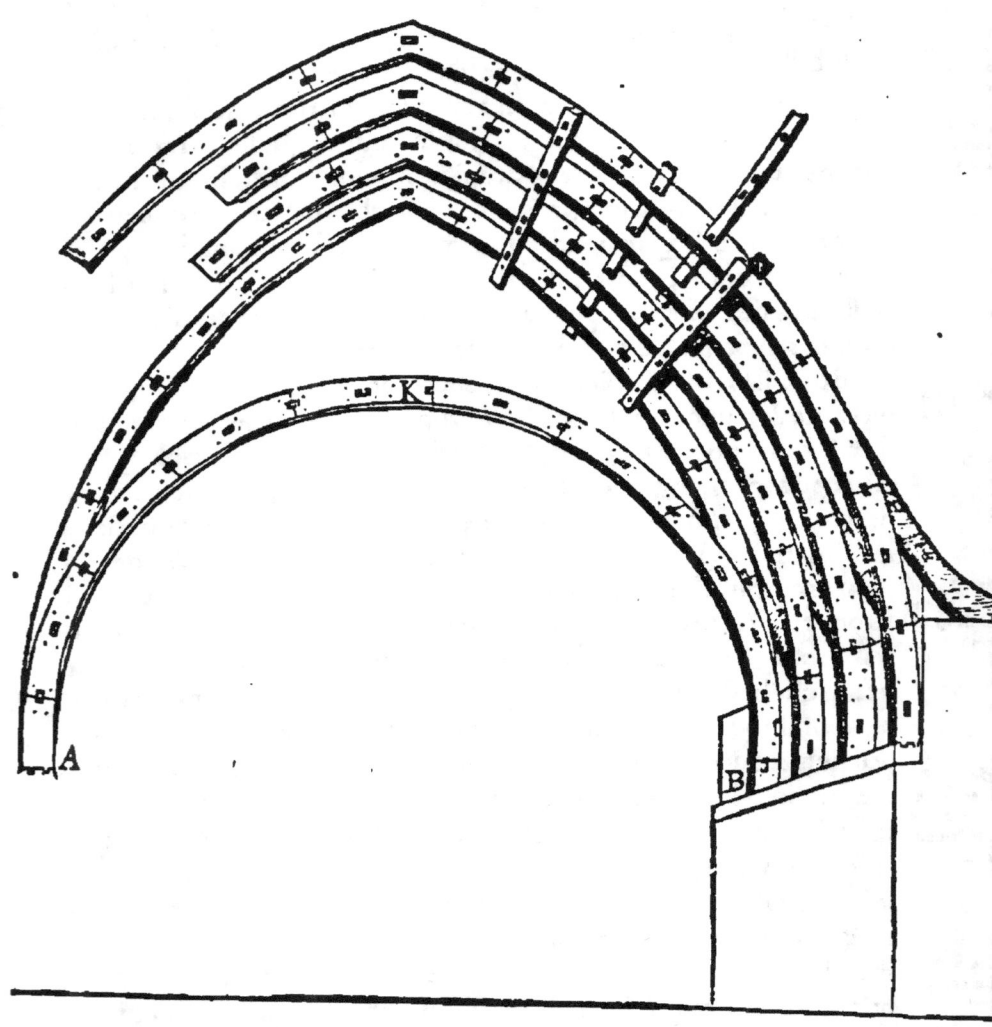

*Comme lon peut faire un double plancher en anse de panier deſſoubz*
*les combles, quand les couuertures ſe trouuent trop hautes,*
*pour mieux ſ'en ſeruir de chambres,*
*ſalles, ou ce qu'on uoudra.*

## CHAPITRE XVI.

**L**N C O R E S uous ay-ie figuré cy apres une autre façon de couuerture, ou uous pouuez faire par deſſoubz le comble un plancher en anse de panier, comme uous uoiez à la figure ſuiuante, à la marque A: à fin
que s'il ſe trouue que la montee de la chambre ou ſal-
le que uoudrez faire, ne fuſt ſi haute que le lambriz qui ſeroit à la

Pour faire
un plancher
en anſe de
panier ſoubz
le Comble.

couuerture,uous luy puiſſiez donner la hauteur que ſes meſures re-
querront par le moien de telle anſe de panier,que uous haulſerez &
Comme ſe
doit prati-
quer l'anſe
de panier en
ceſte Inuen-
tion.
abbaiſſerez comme il uous plaira. Et uiendra de la naiſſance des courbes de la couuerture & ſur une meſme plate-forme faicte par liaiſons
& ligatures enſemble, comme tel cas le requiert: ainſi que pourrez
facilement cognoiſtre par ladicte figure. Telle façon de faire ſe trouuera fort plaiſante pour la clarté des lucarnes, qui dōneront iour plus
facilement dans les planchers & lambriz. Ce que i'ay ueu par experience en choſes ſemblables à la charpenterie que i'ay faict faire pour
Chaſteau de
Limours &
ſa ſalle.
Madame la Ducheſſe de Valentinois à ſon chaſteau de Limours, en
une ſalle qui a quatorze toiſes de lōgueur ſur trente un piedz de largeur: qui eſt une choſe fort belle à uoir & fort plaiſante. Iaçoit que les
ouuriers pour eſtre choſe à eux nouuelle & qu'ilz n'auoient accouſtumé de faire, n'ont ſi bien faict en certaines choſes comme i'euſſe bien
uoulu. Mais quoy que ſoit,c'eſt un œuure qui ſe monſtre tresbelle &
qui dure long temps ſi elle eſt entretenue: ie dy tant que les murailles
ſont murailles. Et qui l'euſt uoulu faire ainſi que lon a accouſtumé, il
euſt fallu leuer les murailles plus hautes & trouuer de grādes poultres
pour y mettre. Et ne faut oblier que le comble qui euſt eſté par le deſ-
Empeſche-
mēt de ueuë
choſe dom-
mageable à
un logis.
ſus euſt monté ſi haut,qu'il euſt rendu la court de tout le chaſteau me-
lancholique, pour luy oſter le iour de tout le deuant du logis. Ce que
lon ne uoit eſtāt faict de telle ſorte qu'il eſt. Et non ſeulement il ſe rēd
plaiſant par le dedās de la ſalle, mais auſſi par le dehors eſt tres aggreable & beau à uoir. Ie diray encores un mot ſur cecy pour monſtrer le
profit & bon meſnage qu'on peut faire par ceſte nouuelle Inuention.
Toute la charpenterie & couuerture de telle ſalle eſtoit faicte & taillee à poinct de poſer & mettre en œuure, & couſtoit trois mil tant de
Grande eſ-
pargne &
profit uenāt
de la preſen
te inuention
nouuelle.
liures. Conſiderant donc les grandes poultres de bois qui chargent ſi
fort les murailles,& la largeur qui eſtoit exceſſiue,ſçauoir eſt de trente
un piedz dans œuure, ie cogneuz que cela ne pouuoit demourer long
temps ſans ſ'affaiſſer, & auſſi que telle hauteur oſteroit la beauté du
deuāt du chaſteau, & rendroit la court mal plaiſante,cōme i'ay dict.
Parquoy ie feis prendre la quarte partie de telle charpenterie du plus
petit bois & le feis mettre en pieces & en aix. De ſorte que donnant ſix
cents francs à un charpētier, il refit telle charpenterie ſelon noſtre in-
Cecy doiuēt
noter les chi
ches & eſ-
pargnans.
uention nouuelle. Et fut le tout ſi bien conduict,que ce qui couſtoit
trois mil francz,tant bois que façon,n'eſt reuenu à mil. Doncques qui
ſçaura bien conduire & entendre le meſnage de noſtre Inuention, &
aimera ſon maiſtre,il luy rendra un tres grand profit & plaiſir.

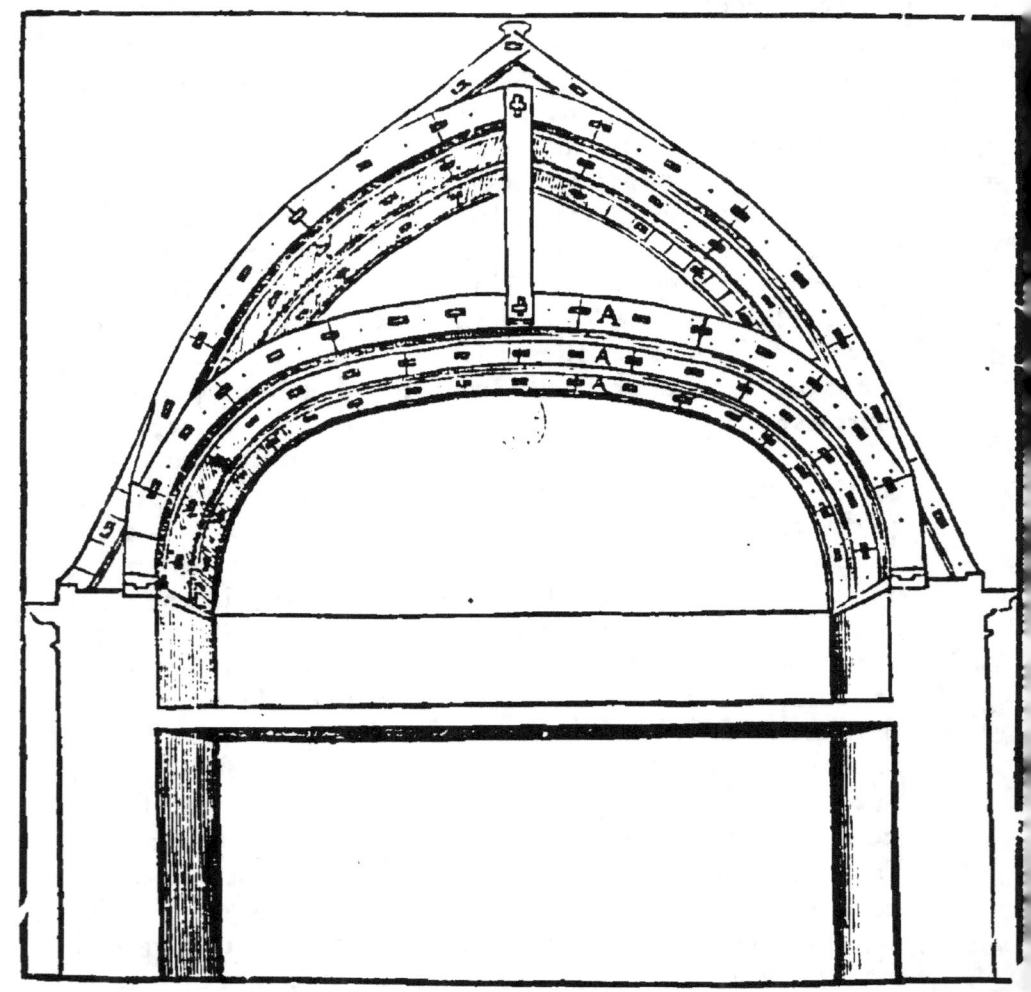

*Comme lon peut faire les couuertures droictes par le dessus,*
*sans y auoir rondeur, auec plusieurs petits bordz de*
*plomberies qui donneront fort bonne grace.*

### CHAPITRE XVII.

Vovs pouuez faire écores uoz couuertures droictes par le dessus, autant que porteront de longueur uoz pieces dequoy sont faictes les courbes, soit de trois, de quatre, & six piedz, comme elles se trouueront, pour plus facilement coucher l'ardoise ou tuille.

Couuertures droictes par le dessus.

Au droict des commissures & assemblage des pieces marquees D, parautant qu'il s'y faict un petit angle obtus, la tuille

& l'ardoife ne fe pourront aifément coucher. Parquoy en ce lieu là
faudroit mettre une petite bande de plomb de quatre ou fix poulces
de large, & cela regnant tout autour, donne une fort bonne grace &
beauté. Comme il fe peut ueoir aux deux derniers pauillons de la
Muette de fainct Germain en Laye, qu'ay faict faire fur les angles du
cofté de la Routte en uenât de fainct Germain à ladicte Muette. Et f'y
fuft encores mieux monftré le tout, fi les pieces defquelles font faictes
les courbes, euffent efté plus petites. Ie m'apperçois de iour en iour e-
ftre pour le mieux de ne les faire gueres longues, ainfi que i'ay dict cy
deuant. Et telle façon que celle cy eft plus conuenable aux couuertures qui ont peu de largeur: pource qu'aux petites rondeurs & circon
ferences, l'ardoife ou tuille ne fe couche fi bien comme aux grãds edifices, qui pour eftre fort larges la circonference eft fi grande aux combles, que la longueur de l'ardoife ou tuille ne fe cognoift auoir rondeur pour le peu d'efpace qu'elle tient: & f'y accommode fi bien, que fi
le comble eftoit droict côme lon a accouftumé de faire, elle n'y fçauroit eftre mieux.

es ban-
e plõb
er fort
æ grace
ouuer-
de ce-
auctiõ.

eruation
auteur.

fe digne
noter
r les cou
ures.

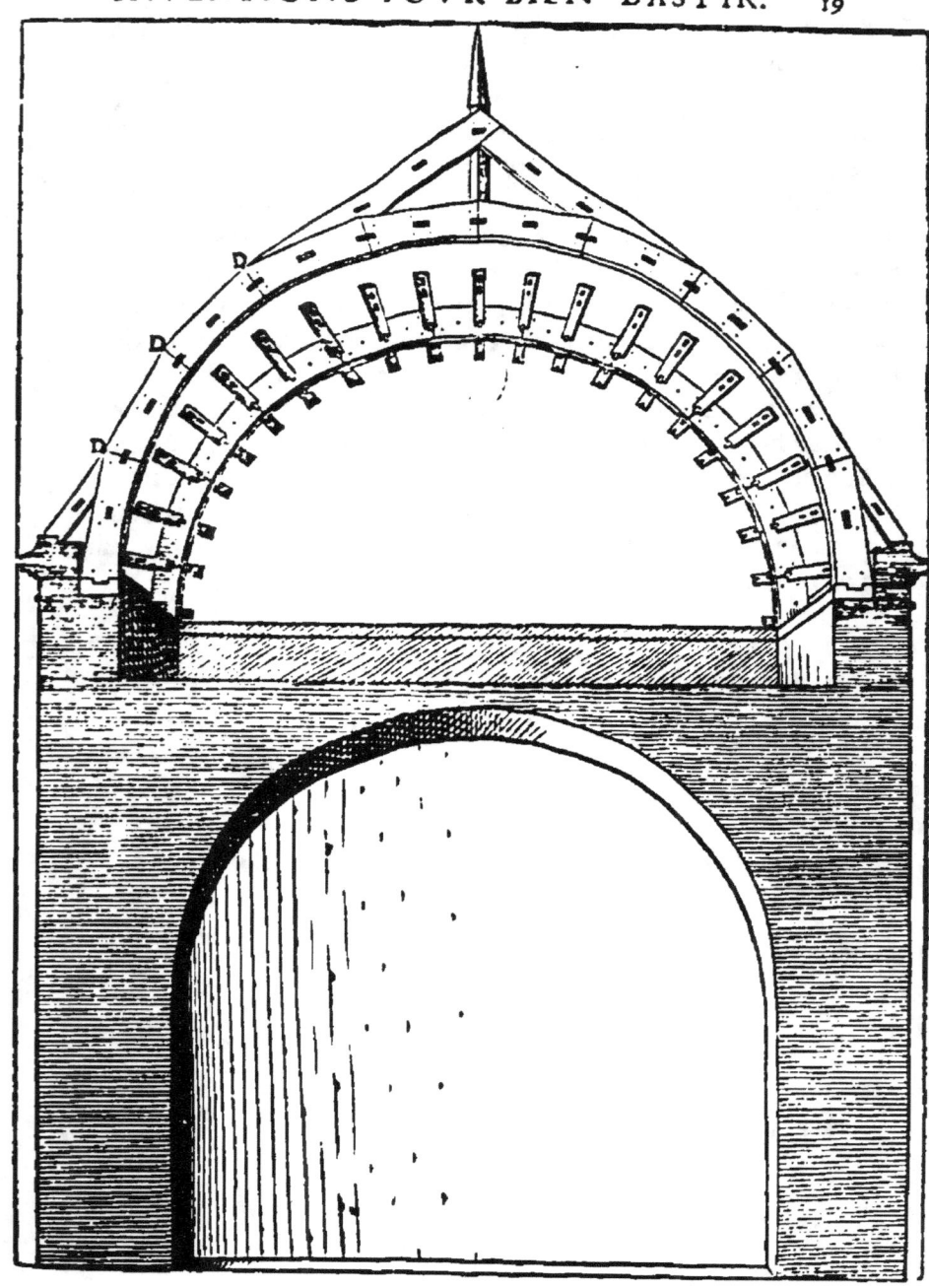

F

### Comme lon se pourra seruir de ceste Inuention à uoulter une Chambre, Chappelle ou Eglise d'une croisee d'augiues, ou autrement comme on faict à la maçonnerie.

## CHAPITRE XVIII.

*inuention resente applicable à usieurs fa-ons.*

*e bois se cō-uire autre-ent que la erre.*

*euse de Auteur.*

*ambriz se ouuoir fai-par dessus par des-obz.*

Qvi se uoudroit seruir de ceste Inuention à croisee d'au-giues ou d'autre façon (ainsi que lon faict en pierres de taille) soit par cōpartiments ou rampants, il n'y a œuure ne façon qui ne s'en puisse faire, pourueu que lon ētēde les traictz, & qu'on sçache dōner les mōtees pour trou-uer les commissures à propos, & gaucher le bois selon son fil, & fai-re les cherches r'alongees & rampantes comme le cas le requiert. Car il faut que le bois, selon sa nature se cōduise en autre sorte que la pier-re. Surquoy i'ay faict la figure cy apres d'augiues entre deux double-aux (que les maçons appellent ainsi) qui sont les deux hemicycles cō-me A B, ou se trouuent deux augiues, qui font la moitié d'une croisee, ainsi que uous uoiez par ladicte figure soubz la marque C D, & s'as-semblent par le milieu du doubleau ou hemicycle. Laquelle figure i'eusse faict plus ample, plus riche & illustree de plus long discours, n'eust esté que ie crains d'estre trop prolixe. Il suffit qu'on l'entende a-uec peu de paroles, sans y faire si long discours. A tel œuure qu'il uous plaira entreprendre pouuez faire des lambriz par dessoubz ou par des-sus, comme si c'estoit un pendentif de uoulte, & les liernes & courbes que uoirrez par dessoubz, n'auront point mauuaise grace: ce que pou-uez iuger par la premiere figure ensuiuante.

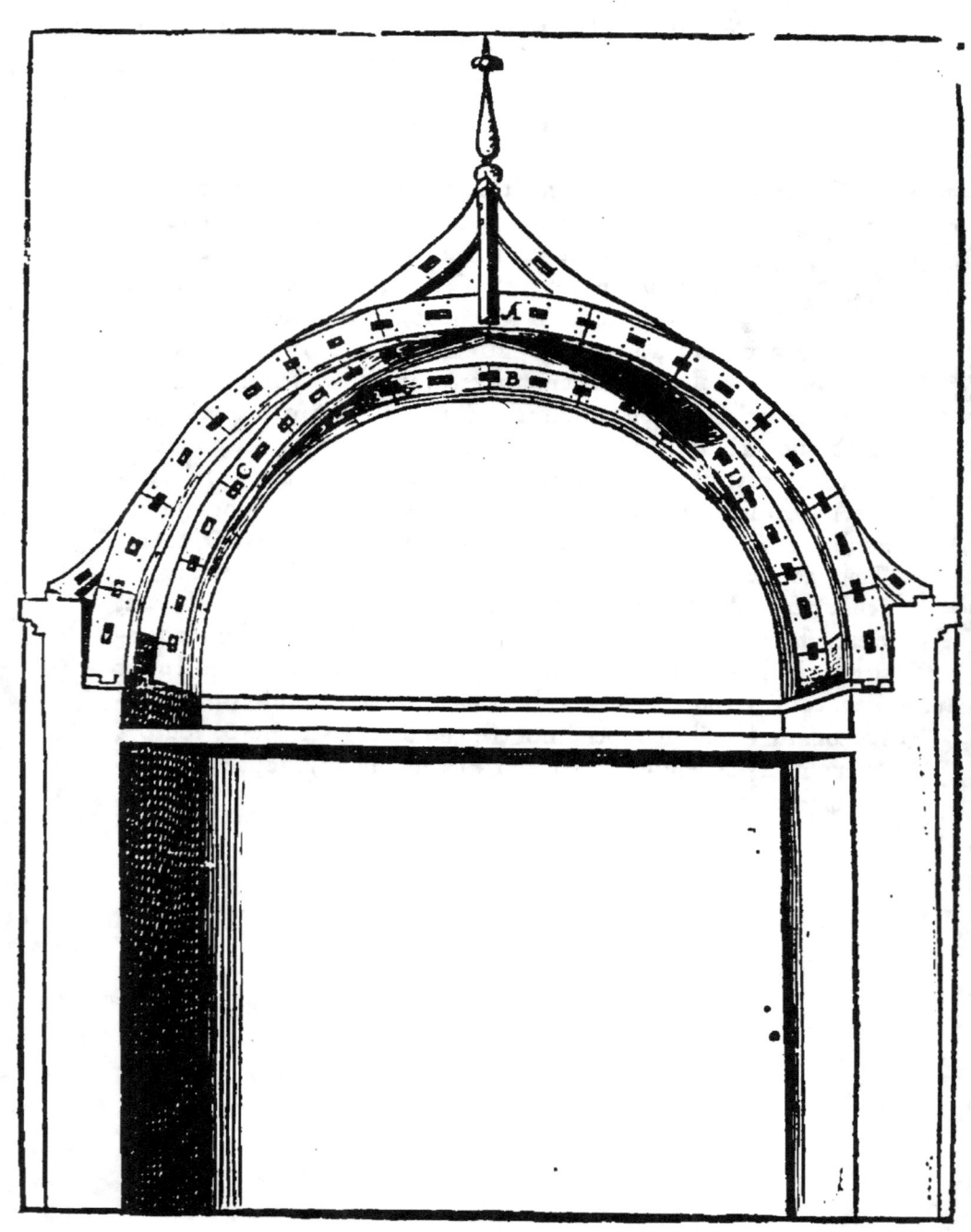

F ij

r voulter
es, cham-
ou chap
es.

HOSE ſemblable uous pouuez faire pour uoulter une
ſalle, une chãbre, ou une chappelle, & non ſeulement
vous y mettrez des augiues, mais encores des formeretz & clefz ſurpendues, & autres ſortes de rampantz:
tout ainſi que les maçons font aux voultes de pierre
de taille pour egliſes & chappelles qu'õ faict auiourd'huy. Et à fin que
mieux uous aiez l'intelligence de cecy, ie uous ay figuré cy apres comme lon faict une voulte à croiſees d'augiues, leſquelles uous uoiez
marquees A B, portant une clef ſurpendue marquee C, & accompaignee de quatre courbes qui ſ'aſſemblent auſdictes augiues, comme uoiez au lieu marqué D, & de deux hemicycles ſoubz la marque de E, que les maçons appellent Arcz doubleaux. Et par les coſtez au long des murs ſont les formeretz, aux lieux marquez F, qui
duertiſſe-
ent nõ in-
le.
ſont quelque fois hemicycles, quelque autre fois faictz au tiers
poinct, ſelon la montre de la voulte que lon faict. Et par deſſus telles augiues, doubleaux, & formeretz, lon faict le pédentif qui eſt le reſte de la voulte. Au lieu que les maçons font cela de brique ou de pen-
détif de pierre de taille, ilz le peuuét faire de bois. Vous y pouuez enco
res mettre pluſieurs courbes, ie dy tant que uoudrez. Et tant plus y en
aura, plus l'œuure ſera forte. Pareillement uous pourrez faire uoz au-
s enſeigne
ent pour
tes façõs
voultes de
preſente
uention.
giues & doubleaux de telle eſpoiſſeur & largeur que uoudrez, ſoiét de
deux ou trois rancz de courbes pour auoir demy pied, un pied, deux
piedz, comme uoirrez bon eſtre, ſelon la grãdeur de l'œuure qu'aurez
à faire. Par ainſi uous en pourrez ſeruir à faire toutes ſortes de voultes.
La figure enſuiuante uous mettra le tout deuant les yeux.

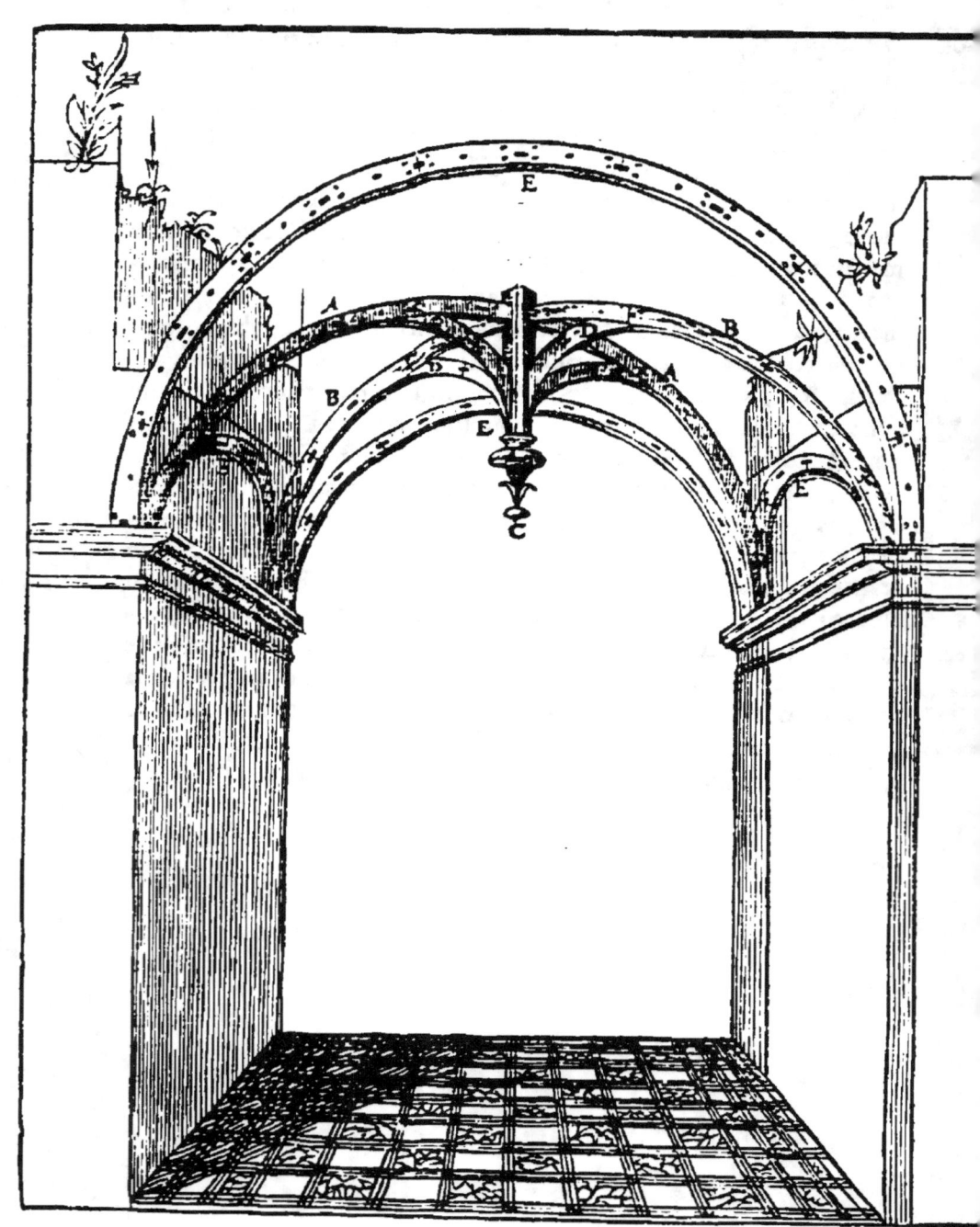

Deux autres façons de couuertures, desquelles lon se pourra aider
pour la decoration & ornement de quelque petite
galerie, ou de ce que lon uoudra.

CHAPITRE XIX.

V OICY une autre façon de couuerture toute ronde
en hemicycle : & par le dessus au lieu figuré P, s'y
pourra faire une terrasse couuerte de plomberie en
façon d'une petite allee pour se pourmener & uoir
autour du lieu & de soy. Mais faut en ce faisant prē
dre garde qu'il y ayt bône vuidage des eauës, & or-
dôner faire tuiaux pour les escouler hors de ladicte
terrasse : aussi faire que le plomb ne soit iamais souldé, pour ce que la
souldure se fend & casse aux gelees & grandes chaleurs. Faudra aussi
qu'il soit replié l'un dans l'autre, & coudé ainsi que l'appellent les Plô-
beurs. Chose semblable à telle plôberie i'ay faict faire en diuers lieux,
& mesmes au dessus de la chappelle du Roy au chasteau de Fontainebleau, pour garder qu'il n'y pleut plus, côme il souloit, pour les mau-
uaises façôs de ladicte chappelle, & aussi que l'eauë passoit par les cô-
missures & à trauers la pierre de grais, de laquelle la uoulte est faicte. Et telles petites couuertures comme est le desceing suiuant, i'ay
faict faire au chasteau d'Annet pour Madame la Duchesse de Valentinois, aux deux petits pauillons qui sont au parc sur la riuiere, ou se
pouuoient mettre les ioueurs de cornets & de trompettes, & autres instruments pour donner plaisir au Roy & princes, quand ilz estoient
dans ledict parc. Chose fort à propos pour rendre une grande melo-
die dans les allees dudict parc, & en tant de diuerses sortes de cabinetz
qu'il y a. Icy i'allegue pour exemple les œuures lesquelles i'ay faict
faire, & croy qu'on ne le trouuera mauuais, car ie ne le fais par iactāce,
ne pour les auoir faict faire, mais à fin que ceux qui seront curieux de
mieux entendre puissent uoir lesdictes œuures.

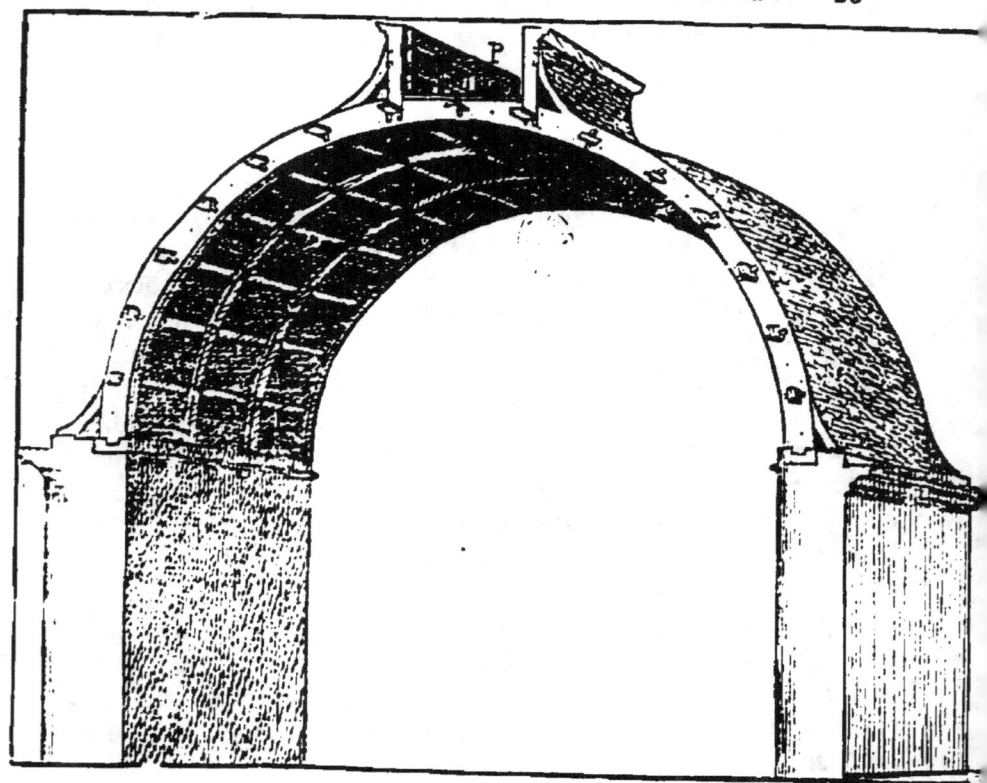

'A Y faict encores cy apres une autre petite figure de comble qui n'est hemicycle ne à tiers poinct, & ne sera telle façon moins forte qu'une autre pour seruir à quelque galerie ou pauillon pour decorer le lieu. Et pource que nous auons assez descrit telles mesures & façons de faire, vous entendrez facilement la presente figure sans autre demonstration.

Il me semble que toutes les figures & discours que i'ay faict iusques icy, sont suffisans pour entendre la façon de toutes sortes de courbes & couuertures, soient pour Esglises, Palais, Chasteaux & autres sortes de maisons.

F iiij

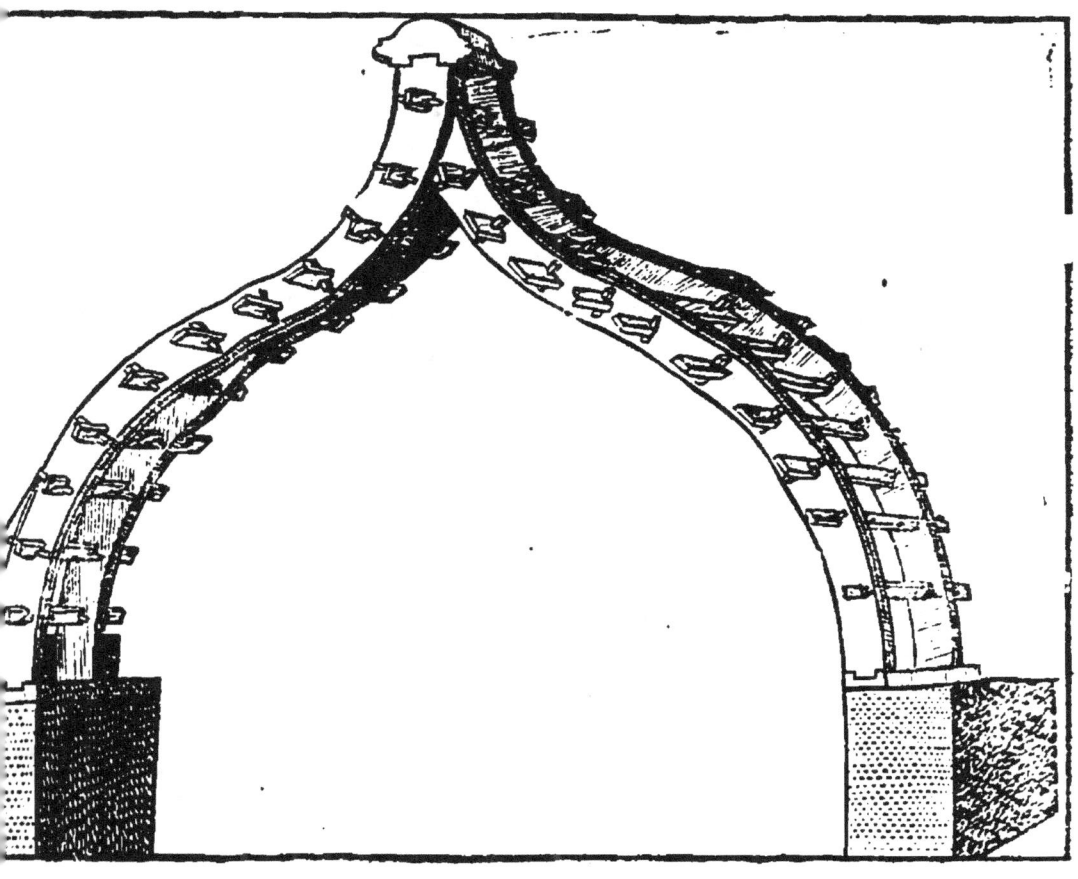

*Des œuures selon ladicte Inuention nouuelle qui ont esté fai-*
*ctes au Chasteau d'Annet.*

## CHAPITRE XX.

**Diuerses ex-**
**periences de**
**couuertures,**
**commādees**
**par l'Auteur.**

E reuiens encores à propos de ce que i'ay faict faire au Chasteau d'Annet, concernant nostre presente Inuention seulement : car ie delibere parler ailleurs de son architecture & artifice, en accomplissant le corps entier de l'œuure que i'ay presentement entrepris, & commēcé, duquel cestuy-cy est partie. Vous uoirrez doncques audict lieu assez d'autres experiences de couuertures de telle façon que i'ay descrit cy deuant, tant à la salle deuant les Baigne-

**L'hostel-**
**dieu d'An-**
**net.**

ries pres les galleries du grand parterre du iardin, qu'aussi en l'hostel-dieu que ladicte Dame faict faire au bont de son parc pres le pont d'Annet, ou il y a une salle pour mettre les lictz des pauures, qui est

fort large & belle à uoir accompaignee des logis & chappelle qu'il y
faut. I'ay auffi faict faire une autre couuerture fur les caues dudict
chafteau, qui a enuiron trente huit piedz de large, & uingt toifes de
long dans œuure, laquelle on faifoit à fin que le lieu eftant fur lefdictes caues peuft feruir de cellier, ou grenier, comme on euft uoulu.
Mais fi toft que telle couuerture fut faicte, elle fut trouuee fi belle &
fi grande, qu'on delibera faire dudict lieu pluftoft un ieu de paulme,
ou place pour faire feftins & donner paffe-temps, que f'en feruir de
cellier. Et quand il faict pluies ou grandes chaleurs, le lieu eft propre
pour f'y retirer, & iouer, baller, ou faire autres chofes de plaifir.

*La façon d'une grande falle comme une Bafilique, ou lieu Royal,
accompaignee de pauillons aux quatre coins & galleries,
comme fi c'eftoient Portiques. Et fe peut faire à petits
frais, ueu la grandeur de l'œuure.*

### CHAPITRE XXI.

Estant fur ce propos ie me fuis aduifé, qu'il eft aifé de
faire un bien grand edifice, ou grande falle, foit quarree
longue ou ronde, ou trigone, ou hexagone, de quelque
figure que lon uoudra penfer, & fans y faire grāde maçonnerie. Ie dy que feulement il n'y faudroit que les
fondements par les coftez, fur lefquelz fera affife la platte-forme de la
charpenterie. Et qui uoudra pour mieux tenir les courbes en raifon,
lon pourra maçonner autant de hauteur qu'il femble que les courbes
fe monftrent eftre à plomb du commencement fur la platte-forme.
Et tant plus l'edifice aura de largeur, plus fe monftreront les premieres
courbes droictes, comme fi elles eftoient à plomb en leurdicte couuerture, de forte qu'elles fe pourrōt maçonrer par les coftez de douze ou quinze piedz de hauteur & plus, comme l'œuure fera plus
large. Et telle maçonnerie fe fera comme muraille commune, ce qui
feroit bō & bien propre pour tenir le lieu en plus grande feureté. Qui
uoudroit, pourroit faire par les coftez telz logis qu'il fçauroit defirer
à un eftage de hauteur de maçōnerie de quinze piedz, & ainfi fe trou-
ueroiēt deux eftages au baftimēt qui fe feroit, par le dehors de ladicte
falle, l'un de la hauteur de la maçōnerie, & l'autre dās le comble & cou
uertures, ou fe feroient plus belles falles & chambres que deffoubz.
Mais en ce faifant faudroit auoir la dexterité de dōner clarté par tout,
tant au grand corps, qu'au logis que feriez fur les quatre angles, ou par
les coftez, ce qui eft fort facile. I'en ay faict icy un defeing à plaifir, par
lequel uous pouuez confiderer quelle inuention ce feroit. Voyez y
dōcques le plan d'une falle qui a quarāte toifes de longueur, & uingt-

*(marginalia)*
Grande c[…]
modi[…] qu[…]
apporté […]
couuertur[…]
de cefte Inu[…]
uention.

Pòur fair[…]
un grād ed[…]
fice de que[…]
que forme[…]
& figure[…]
ce foit.

Logis dedā[…]
le comble &
couuertu-
res.

ing &
e d'un
magni
royal.

ription
figure
uante
elle.

x pro-
& com-
les pour
quatre
ons de
nce.

rpeoporti
e & lieu
ur loger
rengiers.

le en lar-
ur & lon-
eur braue
excellen-

cinq de largeur dans œuure. Aux quatre coins ie figure quatre pauillons, à un chafcun defquelz y a falle, châbre & garderobbe. Dans l'efcalier, ou fur les angles uous pouuez eriger cabinetz fi uoulez. Et ferez
lefdictes falles, chambres & cabinetz, de telle longueur & largeur que
uoudrez, fans aucune fubiection. Auffi uous tournerez les pauillons
& fa! de tel auancement qu'il uous plaira: comme i'ay faict diffe-
rents de fallie lefdictz pauillons, d'une forte les uns, & d'autre les autres, les faillies eftans tournees differemment. Cela fe peut faire felon
le deuis & œuure que defirez faire: & auffi la fubiection que uous aurez à tou er uoftre baftiment. Vous pourrez femblablement faire
galleries     our aller d'un pauillon à l'autre, ainfi que les pourrez uoir
marquees A B C. Et fur le deuât, ou eft la principale entree, feroit une
petite terraffe auec des appuis, & un petit perron: côme pouuez uoir
à l'endroit figuré D. Ie ne vueil entrer en propos de defcrire icy les
mefures de l'architecture dudict logis, car il me fuffit feulement parler de fon inuention & compofition admirable, & digne d'un grand
Prince. Laquelle pourroit eftre bien toft faicte & à peu de defpenfe.
De forte que dans un an ou deux, le Prince ou Seigneur qui uoudroit
y emploier argent, en prendroit plaifir. Et eft la chofe fi cômode, qu'il
me femble qu'il n'y a rien plus, pour y eftre logé fort particulierement
en priué, & en public, comme lon ueult. Et auffi qu'à un des pauillons, comme en celuy qui regarderoit l'Orient equinoctial marqué E, feroit facile faire falles & chambres fraiches pour l'efté. Et en
celuy marqué F, chaudes pour l'hyuer. En l'autre marqué G, feroit la
uraye habitation au temps des grandes froidures, & lieu propre pour
y faire eftuues & baigneries. Le quatriefme marqué H, feroit tresbon
pour y loger aux grandes chaleurs, & s'y pourroient faire bonnes caues au deffoubz, & par le deffus bibliotheques, & lieux pour tenir tableaux. Qui uoudroit faire des galleries d'un pauillon à autre, & les
couurir pour fecond eftage, feroit encores lieu conuenable pour euiter la chaleur & froidure, comme celle qui feroit au lieu marqué A,
n'y auroit rien fi frais en temps d'efté. Le deffoubz feroit propre pour
faire un Cryptoportique. L'autre cofté marqué B, feroit propre à une
gallerie pour l'hyuer: car il feroit chaud & tresbon pour loger les Au-
rengiers par deffoubz pour regarder les parties Meridionales & Occi-
dentales. Celle qui eft entre les pauillons E F, marquee C, feroit temperee en tous téps, car en hyuer feroit chaude au matin, & en efté fraiche fur le foir. Ainfi me femble que ce feroit une braue falle de largeur & longueur, uoire des plus qu'on ait ouy parler: belle à faire feftins, & autres paffetemps, eftant accôpaignee de quatre finguliers pauillons & telles galleries fans aucune fubiection, comme appert par
la figure enfuiuante.

Salle, ou basilique

*De la montee & face de ladicte Salle & Basilique, qui se uoit par*
*le pignon, & par les costez, en perspectiue.*

## CHAPITRE XXII.

**L**ADICTE Salle sera fort claire, comme uous pourrez cognoistre par la figure cy apres mise, qui est de la môtee de tout l'edifice:en laquelle uous uoiez les fenestres & lumieres estre au pignon. Semblablement autres fenestres,comme lucarnes aux costez, & endroictz marquez K. Aussi uous y pouuez recognoistre les galleries,qui uont d'un pauillon à autre : comme la forme desdictz pauillons qui n'ont qu'un estage de haulteur de maçonnerie. Et dans les combles se trouue le deuxiesme estage, côme pouuez uoir aux endroictz marquez L M N.

Qui uoudroit encores faire les pauillons d'un estage plus hault, ilz seroient beaucoup plus rares & de plus belle monstre.Et encores dedans lesdictz côbles,ainsi qu'ilz sont faictz, par leur grande largeur se trouuera haulteur suffisante pour y faire deux estages l'un sur l'autre : & par ainsi seroient trois, compris celuy de maçonnerie . Ce neantmoins ie ne les ay icy figurez, ny faict les fenestres, ny acheué les couuertures comme elles doiuent estre pour la vuidange des eaues. Il m'a suffit de faire un discours d'une œuure qui est plus belle qu'aucuns ne sçauroiêt penser. Vne autre chose y a,qui se trouuera aussi fort belle, c'est qu'au plus hault de la couuerture de ladicte grande salle uous pouuez faire une gallerie, qui sera couuerte & bien fermee,& de la lôgueur de qua

rante toises sur trois de largeur : ainsi que uoiez au lieu marqué O. En laquelle pourrez monter facilement par l'endroict des escaliers au lôg des pignons,comme uous uoiez aux lieux marquez P Q R. Et ne faut point craindre que telle charpenterie se puisse iamais affaisser,quelque charge qu'elle puisse auoir par le milieu de telle gallerie qui est au plus haut,pour estre bien retenue des pauillons & appuyee des galleries qui uont d'un pauillon à autre. Ie ne parle point des offices, iardins,court, & basse court,qui seroient trop plus aisez à ordonner que cecy , & les disposer aux lieux & costez que leur nature requiert. Pourueu qu'on aie places & terres à propos. Le tout se peult facilement uoir par la fi

gure prochaine. Sur ceste mesme Inuention i'ay trouué plusieurs autres façons qui sont incroiables à plusieurs , pourautant qu'ilz pensent qu'elles ne se puissent faire,& se ferôt aussi facilement & promptemêt que iamais fut faicte œuure.Ie proteste n'en auoir iamais oy parler,ne trouué en mes liures chose semblable. C'est de la grace de Dieu,qui donne les aduisemens & Inuentions, quand il luy plaist,& à qui bon luy semble.

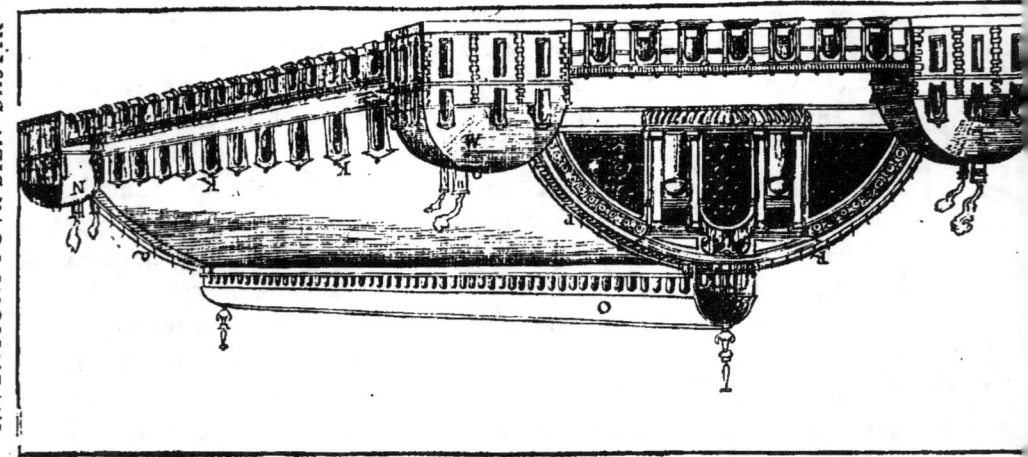

## CHAPITRE XXIII.

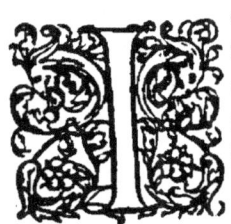

ICY ie me souuiens d'autres Inuentions qui sont trop plus rares & de plus grande importance, que celles que nous uoiôs auiourd'huy. Desquelles i'ay faict deseings par le commandement de la maiesté de la Royne Mere, y a cinq ou six ans, tât pour un edifice sur la forme d'un triâgle çquilateral, que aussi pour une grande salle accompaignee d'aucuns pauillons. Mais la largeur estoit si excessiue, que ie me deliberois mettre au premier estage une muraille par le milieu qui eust esté pour seruir à deux galleries, desquelles l'une eust esté chaude pour l'hyuer & l'autre fraiche pour l'esté: à raison des parties qu'elles regardoient, une le Midy, l'autre Septentrion. Et le dessus eust esté chose de si grande largeur, qu'on eust uoulu. I'auois deliberé ainsi faire à sainct Germain en Laye à la grâde gallerie q̃ la Maiesté du feu Roy Hẽry auoit commâdé faire pour aller du pôt qui est au chasteau du costé du parc à la maison du Theâtre & baignerie, que i'auois commencé à edifier de neuf, regardât sur le port au Pec. qui eust esté une œuure fort rare & incogneüe à peu de personnes. Ie remets la descriptiô de ladicte Inuêtion, & plusieurs autres, au liure que ie donneray cy apres (Dieu aidât) des choses rares en Architecture. Icy pour monstrer l'excellence de ce qu'on peut faire par le moien de ceste nouuelle Inuention, ie me suis souuenu uous donner encores un deuis, lequel i'auois faict pour les religieuses de Montmartre pres Paris, pensant que uous le trouuerez tel & si rare, que uous en pourrez seruir en quelque lieu, ainsi que cognoistrez estre bon & profitable.

*Deuis d'un Dortoir & Cellules que la Maiesté du feu Roy Henry
uouloit estre faictz par aulmosne aux religieuses
de Montmartre pres Paris.*

## CHAPITRE XXIIII.

I'AVOIS pensé encores assez d'autres Inuentions, & faict plusieurs deseings & deuis prestz à mettre en œuure. Et entre autres pour faire un Dortoir aux religieuses de Montmartre pres Paris : lequel mon tressouuerain Prince & bon maistre uouloit estre faict par aulmosne ausdictes religieuses de Môt-

*Marginal notes:*
...données ...ur la Roy mere prin de ceste ...uention.

Maison du theatre & baigneries ...ommencee du S. Germain Laye par ...comman- ...ement du ...y Henry.

Excellence ...e la presen- ...Inuention ...ouuelle.

Dortoir ...les re- ...gieuses de ...ôtmartre ...ez Paris.

martre, au lieu de celuy qui auoit esté brulé. Et deliberois de le con-
struire des restes des bois de la salle de triomphe qui auoit esté faicte
dedãs le parc des Tournelles à Paris, lequel sa Maiesté leur auoit dõné.
Mais le malheur qui en ce tẽps suruint, n'a seulemẽt detourné ceste bõ
ne entreprinse, ains aussi beaucoup d'autres, au tresgrand dommage &
regret de plusieurs. Ledict Dortoir eust esté si grãd & si large qu'il eust
couuert, non seulement lesdictes cellules des religieuses, mais encores
tout le claustre. Et eust esté tout rond, & entourné de portiques par le
dedans, & par le dessus de doubles allees, l'une sur l'autre, pour seruir
de passage à aller aux chambres ou cellules des dames, qui se fussent
trouuees en grãd nõbre, selõ les sortes & façõs qu'õ a accoustumé faire
pour les religieuses, sans le logis de l'Abbesse qui eust esté plus grand.
Et de la porte d'une desdictes cellules, on eust veu toutes les autres: qui
eussent prins veuë par le dehors dudict edifice. Par le dedãs la lumiere
fust venue par le milieu du plus haut du cõble, quasi ainsi qu'est le Pã-
theon de Rome. Mais ledict cõble eust donné encores beaucoup plus
de lumiere, que celuy du Pantheon ne faict. Tout l'œuure eust contenu de 25 à 30 toises de diametre en forme spherique, laquelle il eust
faict fort bon voir sur ladicte montaigne de Mõtmartre. Car elle eust
representé à ceux de Paris un globe terrestre ou celeste, qui eust esté
tresbeau, & encores pl' admirable, si par curiosité on y eust marqué les
heures du iour, par l'ombre du Soleil, ou quelque Geographie que lon
eust peu discerner sur la couuerture. Ce que ie pretẽdois faire pour ledict dortoir, n'estoit de tant grande despense, que grande admiration.
Ie diray ce mot, quand on uoudroit couurir tout un chasteau & la
court qui seroit à son milieu, on le pourroit faire facilement par ceste
Inuention: pourueu que celuy qui en auroit la charge entẽdist ce que
nature peut faire & aider en cela. C'est une chose incroiable de ce qu'õ
peut faire par tel moien. Icy uous cognoistrez par le plan de la presente figure, & celuy de la montee, de quelle entreprinse estoit ledict dortoir accompaigné de ces parties.

G ij

Salle de triõ
phe dedans
le parc d s
Tournelles,
à Paris.

Dortoir d'ex
cellente In-
uention en
grandeur &
largeur.

Pouuoir cou
urir tout un
chasteau & la
court par ce-
ste Inuentiõ.

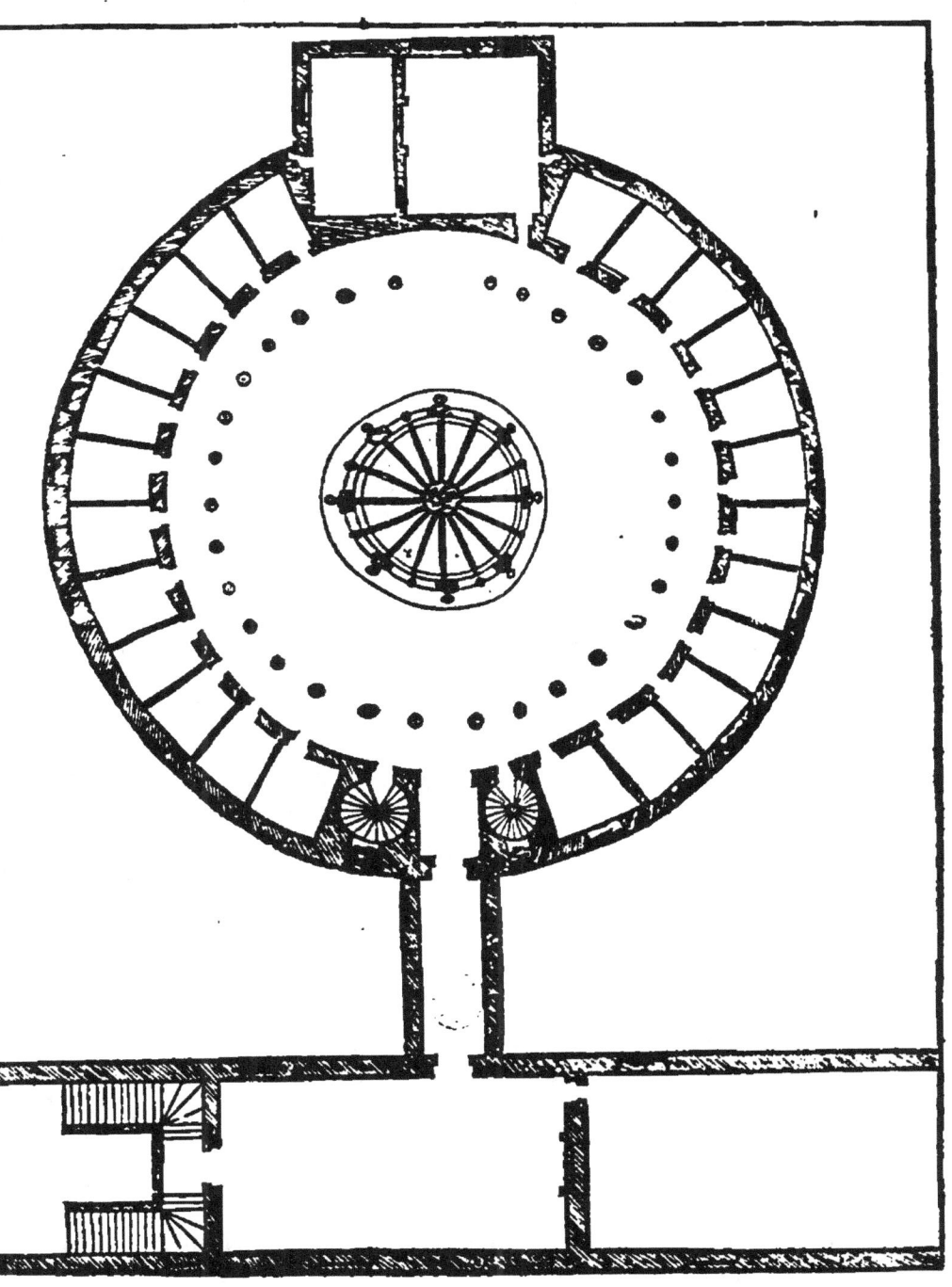

De la montee du dedans de l'edifice du dortoir cy deuant descript, ainsi qu'il eust esté.

## CHAPITRE XXV.

**V**OVS pouuez cognoistre par le deseing cy apres fi- *Cloistre*
guré comme le Peristyle, ou cloistre, ainsi que vul- *comphig*
gairement on le nomme, eust esté erigé au premier *de sespe-
estage, au raiz de chaussee, entourné de colomnes a- *beautz.*
uec leurs piedz d'estats ou xilobastes, & chapiteaux
de l'ordre Ionique, accompagnez d'une architraue,
phrize & corniche. Et par les costez dudict Peri-
style, au dessoubz des cellules des religieuses, eussét esté plusieurs lieux
dediez les uns pour buchiers, d'autres pour celliers, & par consequent
pour autres leurs commoditez, qui seroient longues à descrire. Au
dessus dudict Peristyle eust esté une petite allee autát large que le dessoubz, qui eust continué, suiuant la circonference, pour aller aux
chambres ou cellules des religieuses, ornee de petites colomnes aiants *Lieu dess*
leur architraue & corniche comme le dessoubz, & erigee perpendicu- *le Peristy*
lairement sur lesdictes colónes du Peristyle, qui eussent porté un autre *ou cloistr*
plat-fond & plancher, pour aller ainsi tout autour, comme dessoubz,
aux chambres des religieuses. Ainsi qu'il se peut uoir facilement par *Cellules*
l'endroict des portes desdictes cellules, qui se fussent trouuees à deux *deux est-*
estages l'un sur l'autre : comme le pouuez uoir par le deseing cy apres. *ges.*
La plus haute allee qui conduit aux cellules n'eust eu autre ornemét
que un appuy ou garde-fol, comme on l'appelle, de deux ou trois
piedz de hauteur ou enuiron. Et par dessus les dernieres cellules ie
deliberois faire une corniche, tant par dedans que dehors qui eust ser- *Couuert*
uy d'entablements, sur lesquelz i'eusse faict eriger la couuerture com- *re spheriq*
posee spheriquement ou en ródeur, accompagnee de ses coiaux qui *ou ronde*
l'eussent soustenue & seruy de poulsee, cóme pouuez cognoistre par
ledict deseing. Au plus haut eust esté faicte une ouuerture toute róde,
ainsi qu'à la Rotonde de Rome, ou un pronau en façon de lanterne,
comme uous móstre ledict deseing, & eust esté faict de petites pieces
selon nostre Inuention nouuelle. Lequel on eust peu lambrisser com- *Liure de la*
me uous en uoiez la moitié, & l'autre moitié auec ses courbes & lier- *section d'a*
nes. Ie ferois plus long discours de la presente figure, & en descrirois *chitecture.*
les mesures, n'estoit que ie la uois si mal taillee & representee, que ie
remets l'entiere description au liure, lequel cy deuát i'ay promis, de la
perfection d'Architecture.

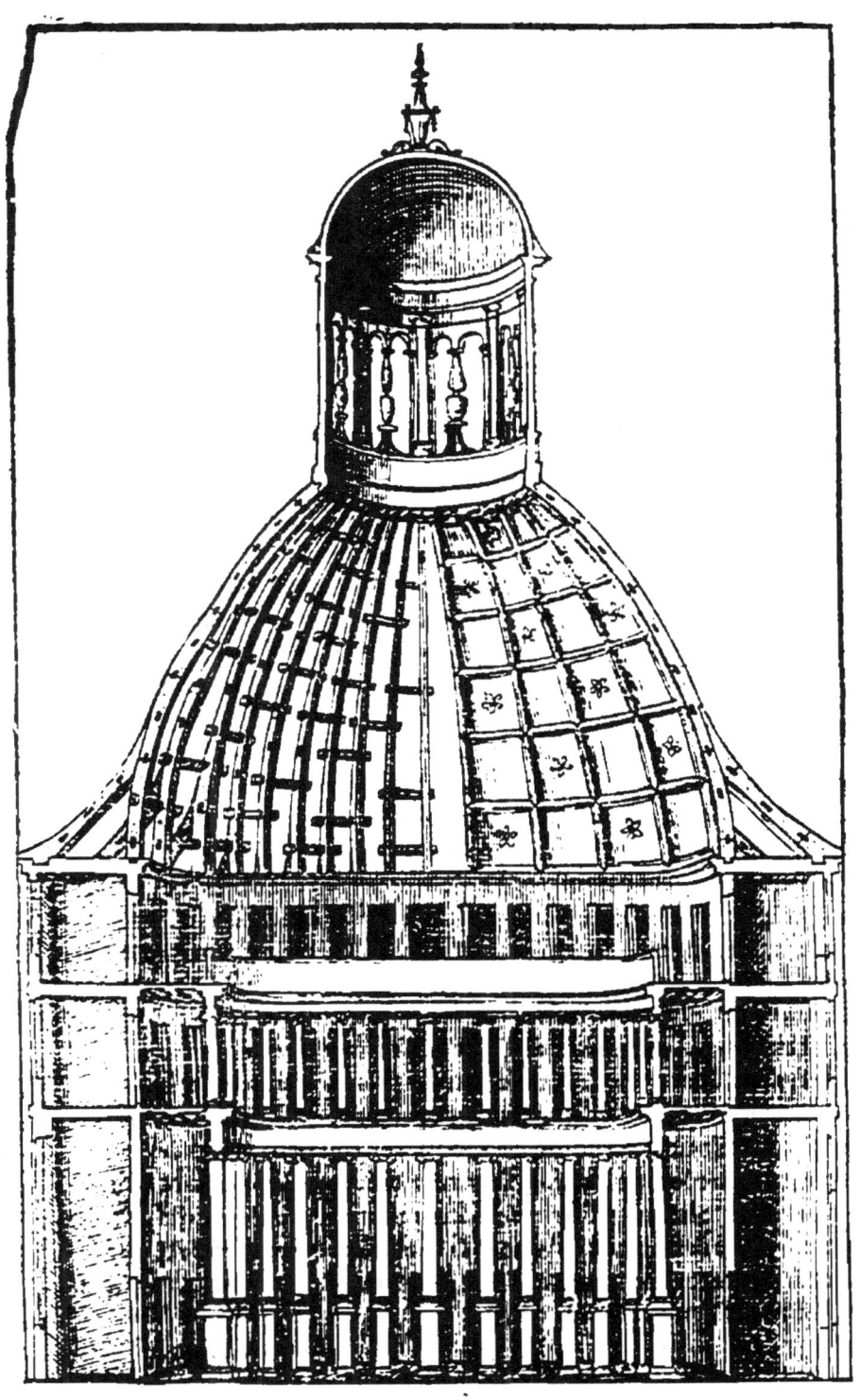

*Discours de plusieurs choses, auecques la conclu-
sion du premier liure.*

### CHAPITRE XXVI.

ES anciens Romains & autres, comme ie croy, eussent prins grãd plaisir de pouuoir ainsi couurir leurs Theatres ou Amphitheatres, lesquelz ilz couuroiẽt, quãd ilz vouloiẽt, de toilles, ou autres choses, comme encores il se cognoist de plusieurs trous qui sont aux plus hautes corniches des restes d'iceux, ou ilz mettoient une piece de bois qui descendoit iusques sur les mutules ou corbeaux qui estoient tout autour. Ce que uous pouuez uoir encores à l'amphitheatre qui est à Rome pres *Sancta Maria nouo*, nommé le Colizet vulgairement. Et cela estoit pour mettre les pieces de bois ou estoient attachees les cordes & polies à tirer, & soustenir les toilles, & autres matieres, desquelles estoit couuert ledict Amphitheatre, à fin que le soleil n'offensast le peuple. Semblablement ilz s'en fussent aidez en aucuns lieux dãs les thermes, aux grandes places descouuertes, ou le peuple alloit pour prẽdre plaisir à diuerses choses, & s'exercer en plusieurs manieres. Et estoit l'edifice de si grãde structure, & despẽse tant admirable, soit en proportiõs, symmetrie & obseruations de nature, que c'est une chose incroiable. Comme aussi la diligẽce faicte & gardee aux mesures qu'ilz y ont obseruees, ainsi que nous pouuõs uoir. Lesquelles ie nõmerois & descrirois uolõtiers pour les auoir toutes mesurees, deseignees & retraictes par leurs proportions (comme autres antiquitez qui sont à Rome, & autour, & en plusieurs autres lieux) n'estoit que ie crains estre trop prolixe: & aussi que c'est une si grande matiere, que i'en pourrois faire un bien gros liure. Toutefois à mes autres liures d'Architecture, se presentãt l'occasion ie ne faudray d'en proposer plusieurs auecques ample demonstration. Et diray hardiment que ie croy qu'il y a cent ans que François n'en a plus apporté & recouuert que moy: pour la commodité & curiosité grande que i'ay euë de uisiter telles antiquitez. Ce que ie dy, non pour iactance d'Architecture, mais comme uenant à propos. Ie reuiens à nostre nouuelle Inuention, admonestant le lecteur, que si les anciens en eussent eu aucune cognoissance, uolontiers ilz en eussent usé en quelque lieu d'excessiue grandeur. Ce qui n'est cogneu par aucuns uestiges d'antiquité: ioinct aussi que noz liures d'Architecture n'en font aucune mention, que ie sçache, & si les ay fueilletez tant que i'ay peu. Telle Inuention doncques leur eust esté fort propre pour faire grands arcs & uoultes longues pour conduire les eauës qu'ilz faisoient uenir d'aupres de Naples aux thermes, ou ilz n'ont point espargné à telle conduicte fraiz inestimables, & ont

*(marginalia)*
Theatres & Amphitheatres des Romains.

Amphitheatre de Sancta Maria nouo.

Grande diligẽce des anciens en proportions & mesures.

Les anciens n'auoit cogneu la presente Inuention.

Les anciens Romaĩs prodiguez en fraiz d'Architecture.

faict œuures admirables, en obseruant de bien grandes choses, non seulement en symmetries & mesures, mais aussi en artifices fort ingenieux, qui ne se peuuent entendre sans auoir beaucoup leu, & auoir eu l'experience de plusieurs sciences. Il me semble que l'Inuention que nous donnons icy eust peu estre autant estimee, que celle de C. Curio quand il fit construire deux fort grands Theatres de bois l'un aupres de l'autre, estans chacun d'iceux suspendus sur un seul piuot: & se tournoient auec une telle dexterité par certain contrepois, artifice, & conduicte, que les ieux qu'on faisoit deuant Midy, tournoient le doz l'un à l'autre, à fin que les ioueurs ne feissent bruit & empeschement les uns aux autres. Et tournoient les deux Theatres soudainement, mais de telle maniere qu'ilz demouroient contraires sur la fin du iour, cheminãts les bois si dextremẽt, que les cornes & bouts desdictz Theatres se ioignoient ensemble, & faisoiẽt les deux un Amphitheatre, & alors s'en seruoiẽt pour le passe-temps des Gladiateurs, & pour y faire uenir les furieuses bestes. Telle chose est tresaisee, ainsi que i'en ay faict l'experience à Rome par modelles assez grandz, à la requeste d'un gentilhomme Romain nommé Misser Vincent Rotelant, homme tresdocte tant en Architecture, qu'aux lettres. Mais faire de si grandes couuertures & autres œuures incroiables par le moien de telle Inuention comme nous descriuons icy, ou grandes uoultes de maçonnerie, les Architectes anciens ne s'en sont aduisez, ainsi que ie pense: pour le moins nous n'en trouuõs rien en tous noz liures d'Architecture, n'autres aussi, comme i'ay dict: n'encores à ceux qui ont escript de l'art militaire, & ont donné plusieurs sortes d'engins, instruments & autres machines. Pour reuenir à mon premier propos, Si les anciens eussent pensé à ceste Inuention, de laquelle il a pleu à Dieu m'aduiser & donner la cognoissance, n'eussent-ilz pas faict leurs uoultes & couuertures tant grandes qu'ilz eussent uoulu, ou ilz les ont tenues estroictes? Qui n'a les grandes despenses qu'ilz ont faictes, tant aux thermes de Diocletian qu'autres uestiges, qui se peuuent encores uoir? Qui ne sçait leur grandeur de cueur, richesses & admirable sçauoir? Il faut croire, s'ilz s'en fussent aduisez qu'ilz eussent faict de plus grandes Basiliques, & lieux plus spacieux qu'ilz n'ont. Mais ce qui les a peu garder qu'ilz n'ayent faict si grãdes uoultes en lieux si spacieux, est, que quãd il est necessaire assembler deux ou trois arbres de bout à bout, pour faire cintres à porter une grande uoulte, il faut autre grande quantité de bois pour faire les liaisons à tenir les courbes, & en peupler ainsi toute la largeur de l'arc de quatre piedz en quatre piedz, dont la despense est incontinent plus grande que la maçonnerie, sans l'incommodité qu'il y a de trouuer si grands arbres, & aussi qu'ilz ne se peuuent bien assembler depuis qu'ilz excedent douze ou quinze toises de longueur. A quoy uous obuiez par ceste Inuention. Car uous ferez uoz uoultes & couuertures si larges que uous uoudrez. Ce que ie dy non pour reprendre noz anciens, qui sont dignes de toute louange pour auoir faict choses incroiables & incomprehensibles aux hommes, uoire plus grandes & trop plus admirables que nostre presente Inuention : mais plustost pour monstrer que le temps qui descouure toutes choses, nous apporte de iour en iour nouuelles cognoissances & inuétions, non seulement en Architecture, mais aussi en tous arts & sciéces. Car comme le prouerbe dict, *Postremi dies sapientissimi*, Les derniers iours sont les plus sages. c'est à dire, Plus on uit plus on appréd. Ce que ie cognois en moy, qui de iour en iour experimente, trouue & excogite nouuelles inuentions, m'estant emploié & addonné dés ma premiere ieunesse à tousiours chercher les plus doctes en Geometrie & autres sciéces requises à l'Architecture, qui fussent en Europe : & usitant les excellentes antiquitez, & d'icelles prenant extraictz, mesures & proportions pour l'illustration de l'Architecture. En quoy par la grace de Dieu i'ay tant bien procedé, & prosperé, que i'ay ordonné & & faict construire Téples, Chasteaux, Palais, & maisons par uray art d'Architecture en diuers lieux, tant pour Roys, Princes, Cardinaux, qu'autres, voire dés l'eage de quinze ans, auquel temps ie commençay auoir charge & commander tous les iours à plus de trois cents hommes. Certes si Iule Cæsar Empereur si docte, si sage & si heureux en toutes ses entreprinses, eust sceu telle Inuention, il luy eust esté fort aisé & facile à faire les ponts qu'il descrit en ses Commentaires. Lesquelz plusieurs estiment estre fort grandes choses & les admirent, còmen'aiants rien ueu ou conceu plus grand & admirable. Ilz seroient beaucoup plus esbahis s'ilz uoyoient un pont qui fust faict de cent ou deux centz toises de large, atout une arche seulement, sur une grande & furieuse riuiere. Qui seroit trop plus facile, & de plus grande durée, pour n'auoir à faire à l'impetuosité de l'eauë, & n'y plâter pieux par le milieu de la riuiere, ne faire autres fondements que par les deux bouts. Ce qu'à plusieurs semblera estre chose monstreuse & quasi incroiable, laquelle neantmoins ie monstreray quelque iour, auec plusieurs autres belles inuentions que i'ay trouuees, s'il plaist à Dieu me donner l'esprit plus libre, & me mettre hors de tous ennuictz & trauerses que l'on m'a donné depuis le trespas du feu Roy Henry, mon tressouuerain Seigneur & bon maistre. Pour reuenir à ces grandes couuertures dont i'ay parlé, quelqu'un pourroit dire qu'il y faudroit un grand nombre de bois, lequel cousteroit beaucoup. I'accorde que quand les œuures sont conduictes par ceux qui ne sont experts, leur ignorance faict tousiours faire beaucoup plus de despense qu'il n'est de besoing. Ce qui n'est faict par ceux qui sont experts & bien enten-

Grands frais estre euitez par la presente Inuentió.

Grande diligéce de l'auteur dés son ieune eage.

Pont de cent ou deux céts toises de large atout une arche.

l'Auteur uexé par aucús malicieux & enuieux.

Quel peut
stre le bois
pour seruir
à ceste nou-
uelle Inuen-
ion.

dus : car outre leur diligence & bonne façon, ilz feront tousiours une
grande espargne. Et quand au bois, il se peut faire de grosses buches
de moule, qui se uendent à Paris pour bruler, ou de semblables qui
n'ont que quatre piedz & huict poulces de grosseur, & s'en peut tirer
trois ou quatre pieces de chacune buche : & ne faut de plus gros bois,
quand seroit une couuerture de cinquante toises de large. Voyla
que i'ay deliberé escrire pour le premier liure, lequel si ie uoulois enrichir & illustrer de toutes ses parties, il seroit par trop long & prolixe.
Les bons entendemés, & bons esprits, qui ont iugement tel qu'il faut,
y pourront adiouster beaucoup d'autres sortes, façons & inuentions,
ainsi que Dieu distribue ses dons & graces ou il luy plait, & bon luy
semble. Ce temps pendant si aucun doute sur quelque chose, ou de-
sire en sçauoir d'auantage, s'en uienne à moy, & ie luy diray de bon

Aproches au
second liure
& fin du pre
mier.

cueur ce que i'en pourray penser. Reste uenir au second liure, auquel
ie descriray une nouuelle inuétion & façon de faire les poutres & soliues pour bastir. Laquelle ne sera trouuee estre moins utile & profitable que celle des couuertures.

*Fin du premier liure des nouuelles Inuentions pour
bien bastir & à petits frais.*

# LE SECOND LIVRE DES
## NOVVELLES INVENTIONS POVR
BIEN BASTIR, ET A PETITS FRAIZ,
n'agueres trouuees par M. PHILIBERT
DE LORME, Architecte, Conseiller & Aulmonier ordinaire
du feu Roy HENRY, &
Abbé de S. Eloy
lez Noyon.

*Certain discours de l'Auteur, accompaigné d'aucuns
aduertissemens en general.*

### CHAPITRE I.

Au 4. Apho-
risme de
sentences.

TOLOMEE au commencement de son Cen-
tiloque dict que, *Anima ad cognitionem apta,
ueri plus assequitur, quàm qui supremum in mo-
dum se in scientia exercuit.* c'est à dire, que l'hó-
me disposé ou enclin à cognoistre quelque
chose, en a beaucoup plus de uraye intelligé-
ce, que celuy qui s'est extremement exercé,
pour la cognoistre, sans y auoir esté appellé
ou nay. Ce qui peult estre accómodé à toutes
sciences & touts arts. Car aucuns se trouuent
sans gráde estude & labeur estre plus aptes pour faire un œuure ou entendre une discipline, qu'autres qui y ont long temps trauaillé & estudié. Et cóbien qu'ilz soient tressçauáts, si ne sont ilz pourtát si heureux
à mettre la main en œuure & l'executer si dextrement, que celuy qui
y est apte & nay, uoire auecques une mediocre cognoissáce & sçauoir.
Qui est la cause qu'on trouue une infinité de gentilz espritz, qui tout
incontinent conçoiuent une science, un art, une inuention ou quelque
façon de faire, sans grandes estudes, trauail, ou labeur d'entendement.
D'autres, qui se tourmentent à y penser & resuer, sans y pouuoir par-

Nature bé-
soquent su
passer estu-
de.

H

uenir, ou faire chofe qui foit au contentement des hommes. Qui fe faict felon les graces qu'il plaift à Dieu donner aux perfonnes : à l'une d'une forte, à l'autre de l'autre : car comme dict fainct Paul, *Diuifiones gratiarum funt, idem autem fpiritus: et diuifiones minifteriorum, idem autem Dominus: et diuifiones operationum, idem uerò Deus qui operatur omnia in omnibus.* C'eft à dire, Il y a diuifions de graces, mais c'eft un mefme efprit qui les confere : diftributiõs de feruices, mais c'eft un mefme Seigneur : & diuifions d'operatiõs & œuures, mais c'eft un mefme Dieu qui faict & ordóne toutes chofes en tous. Ainfi entre les hómes les uns fe trouuent bons à vne chofe, & les autres à l'autre, comme i'ay dict. Ce que nous pourrons accommoder à noftre prefente Inuention nouuelle. Pour laquelle conceuoir les uns feront fort capables, & la pourront tresbien entédre, & trop mieux fen aider que les autres, qui pour ne la pouuoir comprendre, ou par mauuaife uolonté la blafmeront. Comme pourront eftre ceux qui n'entendrõt les traictz de Geometrie, defquelz doiuent eftre muniz ceux qui ueulent faire profeffion d'Architecture, autrement tout ce qu'ilz feront & entreprendront fera à l'aduenture, & ne pourront difcerner ne cognoiftre fi les ouuriers font bié ou mal, tant en liaifons & commiffures, que mettre pierres & bois en œuure. Ce que facilemét on cognoiftra par leurs œuures, quelque affeurance qu'ilz aiét, ou promeffes qu'ilz facent de leur fçauoir, capacité, & chofes requifes à l'art. Telz deuroient auoir la fentence de fainct Paul deuant les yeux, qui dict : *Si quis fe exiftimat fcire aliquid, nondum cognouit quéadmodú oporteat eum fcire.* Qui fignifie, Si aucun feftime fçauoir quelque chofe, il n'a encores cogneu ce qu'il luy conuiét fçauoir. Ie diray fur le propos des traictz de Geometrie encores un mot. C'eft que fi l'Architecte ou fuperieur qui commãde aux maiftres maçons & autres ouuriers n'en eft bié muny, & n'entéd promptement leur theorique & prattique, non feulement tout ce qu'il commandera faire, ou qu'il entreprédra, le plus du temps fera difforme & ridicule, mais auffi luy reputé cóme efclaue du maiftre maçó, ou quelque ouurier, qui luy fera entendre ce qu'il uoudra, & ne le pourra reprendre de ce qu'il fera mal, pour la grãde ignorãce qui eft en luy : au grãd detriment & deshóneur, ie ne diray de luy, ains de ceux qui font baftir. Ce qu'õ uoit clairement en plufieurs edifices faictz par l'ordónance de certains Architectes, códuictz des maiftres maçós & ouuriers qui eftoiét deffoubz eux, & en fçauoient beaucoup plus qu'eux : qui eft bien peu fi on regarde tout ce qui eft requis à l'art. Au cótraire & rebours de ce qui doit eftre : car l'Architecte doit dreffer & conduire les maiftres & ouuriers, & n'eftre dreffé ou conduit d'eux. Icy ie diray une autre chofe que i'ay cogneu, c'eft qu'aucuns de ceux qui fe uentent eftre Architectes, ne fçauent iamais la fin de ce qu'ilz ueulent faire : la pourfuiuant pluftoft à

Chapitre n de la premiere Epift. aux Corinth.

Traictz de Geometrie eftre neceffaires à un architecte.

Belle fentece de fainct Paul.

Aucuns architectes efcoliers des maiftres maçon

l'aduenture, qu'autrement. Ce que ie dy, non pour porter enuie ou dommage à personne, n'y moins pour uouloir nommer, ou marquer aucuns, & detraire à leur honneur, sçachant tresbien que nous sommes tous à reprendre, de sorte que si ie ne fais faute à un endroict, ie puis faillir à l'autre. Quoy que soit, les œuures monstrent quelz sont les ouuriers, ainsi qu'il est escrit, *Ab operibus eorum cognoscetis eos*. & ailleurs, *Finis coronat opus*, c'est à dire, La fin couróne & manifeste l'œuure. l'ameine telz propos pour exciter tous bons esprits qui ueulent faire profession d'Architecture, à la cognoissance de leur estat, à fin qu'ilz pouruoyent d'heure à tout ce qui y est necessaire. Les exhortans uouloir de toutes choses demáder conseil & aide à Dieu, principalement quand ilz commencent quelque œuure, qui est de trop plus grande importance qu'on ne pourroit penser: & ce pour les disgraces, & infelicitez qui peuuent aduenir, tant aux ouuriers qu'aux maisons:comme quelque iour ie mettray par escript, Dieu aidant. De la bonté duquel faut confesser toutes bonnes choses uenir & proceder en nous, comme escrit sainct Iaques, *Omne datum optimum, & omne donum perfectum desursum est descendens à patre luminum*. & ainsi le faut cognoistre sans en prendre gloire. Car comme dict l'Apostre, *Quid habes qued non accepisti? si autem accepisti, quid gloriaris? quasi non acceperis*. C'est à dire, Qu'est-ce que tu as en toy, que tu n'aies receu? si tu l'as receu, pourquoy t'en glorifie-tu? comme si tu ne l'auois receu. Par ainsi ne nous faut glorifier, de toutes les œuures & beaux edifices que nous pourrions faire. Et si aucun s'en ueut glorifier, faut qu'il en rende la gloire à Dieu, & non aux hommes. Comme tesmoigne ledict Apostre ainsi escriuant, *Nemo glorietur in hominibus, sed qui gloriatur, in Domino glorietur*. Il ne faut douter que Dieu donne le sçauoir à un chacun, comme il luy plaist le departir, ainsi que nous auons dict au commencement, & le pouuons uoir en Exode, quand Moise parle en ceste façon aux enfans d'Israel, *Ecce uocauit Dominus ex nomine Beseleel filium Vri, filij Hur, de tribu Iuda, impleuitque eum spiritu Dei, sapientia, intelligentia, scientia, & omni doctrina ad excogitandum & faciendum opus in auro, & argento, & ære, & ferro, sculpendisque lapidibus, & opere carpentario. Quidquid affabrè adinueniri potest, dedit in corde eius*. Qui ueut dire, Voicz, le Seigneur a appellé nommeement Beseleel le filz d'Vri filz de Hur de la lignee de Iuda, lequel il a rempli de l'esprit diuin, en sapience & intelligence, en science, & en toute doctrine pour excogiter & faire ouurages en or, en argent, en ærain, en fer, en artifice de grauer pierreries, & en ouurage de charpenterie. Bref le Seigneur luy a donné & mis en son esprit tout ce qu'on peut faire elegamment, & inuenter proprement. Par ainsi uous uoiez clairement que les Inuentions, les arts, les graces & sciences sont donnez de Dieu. l'Esprit dur & terrestre ne

H ij

Sentence belle & fort propre.

Chap. 1. de son Epist. Cathol.

Exode. 35. chap.

Tous tresors de science & sapience proceder de Dieu.

Differéce de l'esprit terrestre & l'esprit sublime

peut faire ou entreprendre que chofes femblables à luy, c'eſt à dire
groſſieres & peu excellētes: mais le fublime & fubtil, hautes & de grā-
diſſime magnificence: fignamment celuy qui ſe ſçait conduire ſoubz
la grace & bōté de Dieu, auquel il adhere & eſt un meſme eſprit auec
luy, comme dict ſainct Paul, *Qui adhæret Domino unus ſpiritus eſt.* Qui

adhere au Seigneur, il eſt le meſme eſprit du Seigneur: & ſi l a l'e-
ſprit du Seigneur, rien ne luy eſt impoſſible. Ie ne ſuis ignorēt, qu'aucuns receuront fort gracieuſemēt noſtre labeur & preſente Inuentiō,
laquelle ilz entendront tresbien. Les autres ferōt autremēt, & parlerōt
de moy à leur uolonté. Mais quoy qu'ilz diſent, ie les prie ſe uouloir
perſuader que i'ay entrepris le preſent œuure par le commandement
de mon bon Prince, Seigneur & maiſtre, le feu Roy Henry, deſirāt luy
faire treshumble ſeruice, comme auſſi à tous les ſiens, & toute ma patrie. Proteſtant ne tendre icy à autre fin, que d'inſtruire les ouuriers, &
leur dōner moien & bō courage de ſeruir tresfidelemēt les Seigneurs,
& autres qui les appelleront: à fin qu'ilz aient occaſion de ſe cōtenter
d'eux. Voila le but, la fin & intentiō de mes labeurs. Ie ne vueil oblier
auſſi, que la grande neceſſité de bois pour baſtir laquelle nous uoyons

uenir en France (ainſi qu'ailleurs i'ay dict) m'a faict chercher telle Inuentiō, pour le profit de tous: n'aiant auiourd'huy autre choſe en deli-
beratiō que cheminer en ma ſimplicité & me cacher le plus q̄ ie puis
des hōmes, pour auoir mieux la cōmodité de pourſuiure mes eſtudes
d'Architecture, & fignamment uacquer à l'eſcriture ſaincte, à laquelle
ie me ſuis dutout addonné. Icy ie fay fin à mon long diſcours, pour
autant qu'aucuns ſ'en pourroient ennuier.

*La façon & maniere comme lon doit proceder à faire*
*les Poutres de pluſieurs pieces.*

CHAPITRE II.

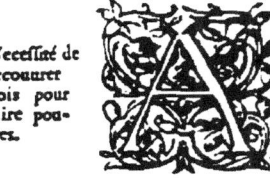 PRES auoir entendu par le diſcours du premier liure
la façon de faire toutes ſortes de couuertures pour les
grands logis qu'auiourd'huy les Roys, & Princes de-
ſirent auoir (comme grandes ſalles & chambres larges de plus de trente piedz) la neceſſité qui ſe preſente
de recouurer bois pour y faire poutres, m'a faict penſer ceſte Inuention nouuelle pour les faire de deux cents & de trois
cēts pieces, & plus qui uoudra: ainſi que la Maieſté du feu Roy Henry a ueu par experience en mon logis pres les Tournelles à Paris. Auquel i'auois faict faire deux poutres, l'une de deux cents uingt-cinq
pieces, & l'autre de deux cents ſoixante trois, ſans comprendre les che-

uilles, qui ne ſeruent que pour l'entretenement, iuſques à ce que les poutres ſoient poſees. Elles furent eſprouuees auec deux verins en la preſence de ſadicte Maieſté & d'autres Princes & Seigneurs: eſtans leſdictes poutres preſſees de telle ſorte qu'on ſouleuoit toute la couuerture, & enfondroit-on les murs du baſtimēt ou elles eſtoient. Et quelque preſſe & force de verins qu'on y ſceut faire (encores que depuis ie me ſois uoulu efforcer de les rompre) iamais on ne les peut faire baiſſer de demy doigt. Il me ſemble ueritablement que ſi en leur lieu y en euſt eu quatre enſemble des plus groſſes que lon a accouſtumé de mettre en œuure, qu'elles ſe fuſſent peu rompre, pour endurer une ſi grande force & preſſe: ou, pour le moins, euſſent plié ſi fort contre bas, qu'elles euſſent ſemblé pluſtoſt eſtre bonnes à faire arches, que poutres à mettre en œuure pour baſtiments. Ie les auois commandé faire de telle ſorte que pourrez uoir par les deſſeings cy apres. Qui ſont de xxiiij piedz dedans œuure, & peuuent ſeruir à un logis de uintgcinq piedz de large, pour ce que i'y uoudrois mettre des corbeaux, ſur leſquelz elles porteroient demy pied, & autāt dedans la muraille, & non plus. Qui ſe faict à fin que quād aucunes pieces uiendrōt à ſe pourrir, par ſucceſſion de temps ou autrement, qu'il ſoit facile à les oſter, & en remettre de neufues, ſans rompre les murs ne rien demolir, cōme lon a de couſtume faire quand on ueut remettre une poutre de l'ancienne façō. Car il faut ruiner au droict du port de ladicte poutre, les murailles & planchers, & faire autre grand deſordre. Premier que de paſſer outre, ie ne ſuis d'aduis que lon uſe des poutres & façon qu'icy nous deſcrirons, pour les logis communs qui n'ont que dixhuict ou uingt piedz de large, pour ce qu'il eſt facile de trouuer bois pour les faire. Mais pour ceux qui commencent auoir de uingt & quatre piedz iuſques à trente, quarante & cinquante, ou tant que lon uoudra, telle façon ſera fort utile, de grand profit, & plus grande eſpargne: donnant moien de faire choſe poſſible qui ſembloit par cy deuant impoſſible. Ne faut oblier que les ſalles & chambres qui ont bien grande largeur, doiuent auoir les hauteurs à propos, & ſuiuant les meſures qui y ſont requiſes. Par ainſi il ne ſera pas laid quand les poutres ſeront en anſe de panier, ou auront quelque cintre & partie d'une circonference (leſquelles ie trouue plus belles ainſi, que toutes droictes) car elles ſe mōſtreront fort bien en œuure. Tant plus leſdictes ſalles ſeront larges & hautes, tant plus auront de maieſté & beauté. Ceſte Inuention doncques eſt pour la neceſſité des lieux, eſquelz ne ſe peut trouuer bois pour faire telles poutres que de couſtume. Et à fin que lon ne faille à bien faire les noſtres, i'ay mis cy apres quelle monſtre & hauteur elles doiuent auoir. Ce que i'ay ueu par exemple & experience à celles que i'ay faict faire: deſquelles la ſixieſme partie de leur longueur a eſté

Crāde ſo
& reſiſter
des pouts
de ceſt̄ε
uention.

Grande cō
mudité des
poutres de
ceſte Inuen
tion.

Poutres ē
anſe de pa-
nier.

conuenable pour la hauteur du milieu. Par ainfi fi la poutre a uingtquatre piedz de longueur dans œuure, elle en aura quatre de montee
par toute la hauteur de fon cintre. Comme uous uoiez efcript au milieu d'une demie poutre que i'ay figuree, à laquelle y a trois rancs de
courbes, deux aux extremitez, & le tiers au milieu, qui n'eft encores
parfaict. Si la poutre a trente piedz de longueur, elle en aura cinq de
hauteur: & fi elle en a trente fix, en aura fix: & ainfi des autres, pour les
faire à cefte proportion de montee. Si uoulez, uous luy baillerez encores moins de hauteur pour fa montee, comme au lieu de la fixiefme
partie, uous ferez la feptiefme ou huictiefme, fi uoulez. Et tant plus
elle aura de môtee, moins elle poulfera par les coftez, & fera plus forte,
comme uous pouuez confiderer. Si uous y mettez aufli plus de deux
lambourdes par deffus (com me i'en ay figuré à cefte cy trois, marquees
A B C) la poutre en fera moins chargee. Ce que uous pourrez faire, fi
uous n'auiez bois qui fuft bien à propos pour faire les pieces des courbes à compofer les poutres, lors uous y pourrez mettre trois & quatre
rancs de lambourdes, car il eft facile de trouuer petis arbres pour ce
faire. Si eft-ce que ie ne me uoudrois point aider de telle façon de faire, ains me uoudrois affeurer fur la force de ma poutre, & mettre feulement deux petites lambourdes pour tenir en raifon les foliues, ainfi
que uous cognoiftrez mieux par le chapitre fuiuant. Obferuez feulement que les pieces à faire lefdictes poutres fignees D, n'ayent que
deux piedz de longueur: & celles qui font l'anfe de panier, un de largeur, & vn pouce & demy d'efpoiffeur, ou deux pour le plus. Telles
mefures feront conuenables aux poutres qui n'auront que uingt &
quatre piedz de longueur dans œuure. Et comme l'on fera contrainct
en faire de plus longues, il faudra que les pieces dequoy on faict les
courbes, foient plus efpoiffes & plus larges. Ainfi que uous cognoiftrez beaucoup plus facilement au chapitre fuiuant. Qui me gardera
de faire plus long difcours pour le prefent.

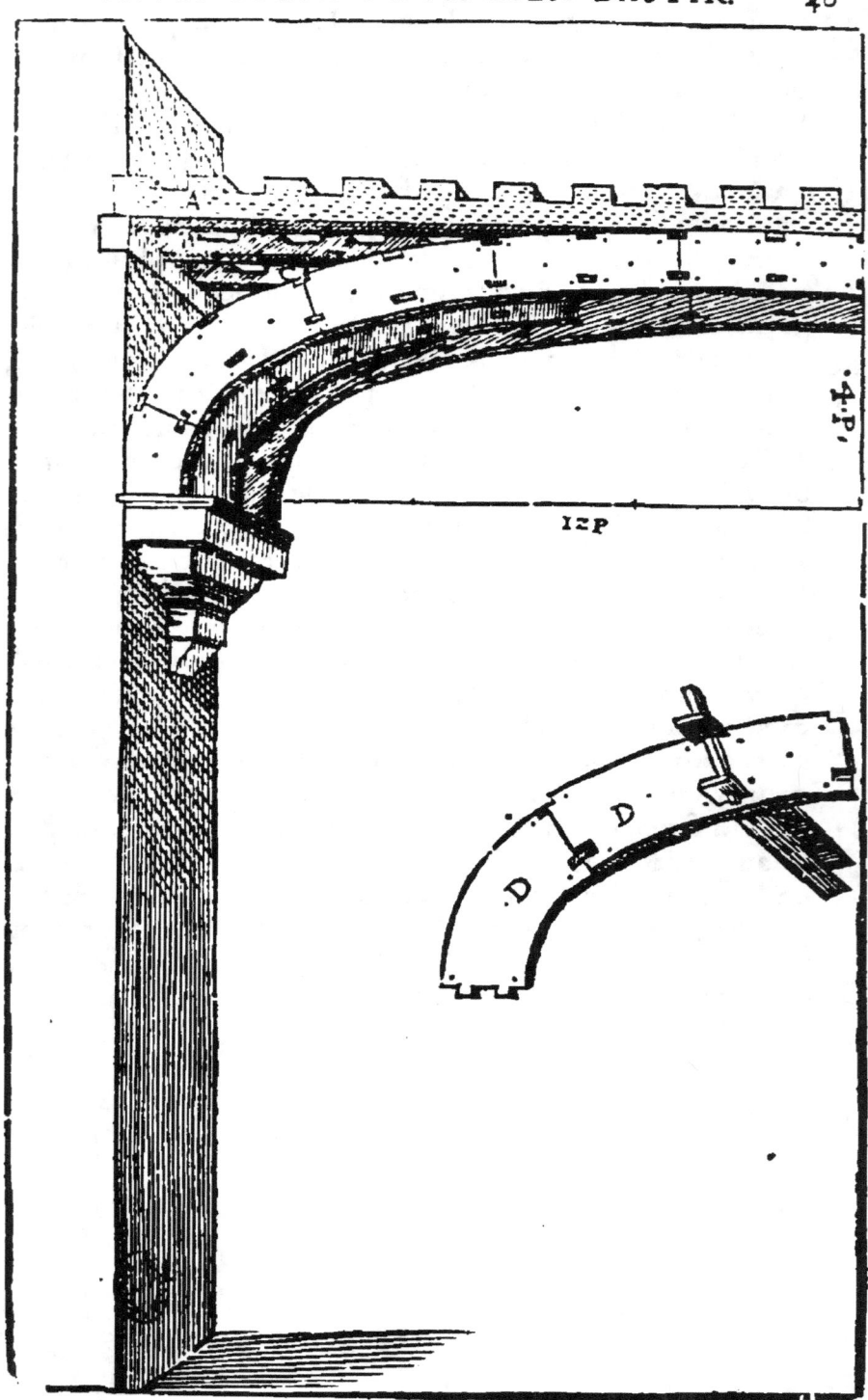

Difference des mesures des Poutres selon leurs longueurs,
& la façon d'y assembler les lambourdes
qui portent les solines.

CHAPITRE II.

ENONS à entendre comme les choses susdictes se
assemblent. Il uous faut considerer l'espoisseur, de
uoz murailles, qui peuuent auoir enuiron deux
piedz ou plus, & comme les corbeaux sont mis dás
les murs: pardessus lesquelz faut faire une petite
plate-forme de bois, pour conseruer que les poutres, au moins les pieces d'icelles, ne se pourrissent si
tost: comme pourrez uoir es lieux marquez B. Lesdictes pieces auröt
la longueur de deux piedz, ou d'un & demy, suiuant la largeur du bastiment, & la longueur de uoz poutres, comme cognoistrez qu'il faudra, & sera requis donner grosseur ausdictes poutres, de deux piedz,
trois piedz, ou d'un pied & demy de large. Cela se doit considerer &
cognoistre par l'edifice qu'aurez à faire. A toutes poutres qui n'auront
longueur que de uingtquatre à trente piedz, ie ne uoudrois que trois
rancs de courbes, telles que uous uoiez marquees D E F. Et à celles qui
ont longueur de trente à quarante piedz, ie mettrois quatre rancs desdictes courbes. Si elles sont plus lögues, faut que chacune courbe qui
est faicte de deux pieces l'une contre l'autre, soit de trois, & que les pieces dequoy sont faictes lesdictes courbes, aient de deux à trois pouces
de grosseur. Si uous uoulez faire poutre de cinquante piedz de longueur, il faut que toutes les courbes soient de trois pieces, & chacune
d'icelles, de trois pouces de grosseur, & de largeur d'un pied & demy.
Si uous n'auez le bois si large, uous les pouuez faire de deux pieces
l'une sur l'autre, pourueu qu'elles soient liees cöme tel cas le requiert.
Vous pouuez faire telles pieces de quatre, cinq, ou six piedz de longueur pour le plus: & la grosseur de toute la poutre sera la quinziesme
partie de sa longueur. Suffira que les courbes soient pres l'une de l'autre de demy pied, ou de sept à neuf pouces pour le plus. Les bons iu-
gements cognoistront cela des longueurs qu'ilz auront à faire. Faudra
aussi considerer la nature des bois, desquelz uous faictes lesdictes
poutres, & n'oblier mettre dessus la plate-forme qui est erigee sur les
corbeaux (ou est le commencement des poutres au lieu marqué B)
une piece de bois de bout, comme un pousteau, ainsi que l'appellent
les charpentiers, au droict des extremitez d'une chacune lambourde:
qui aura de grosseur de cinq à six pouces, & sera en mortaise, assemblee sur ladicte plate-forme, & au bout de ladicte lambourde, comme

Enseigne-
ment digne
de gráde cö-
sideration.

Rác de cour
bes pour les
poutres.

Grosseur de
toute la pou-
tre.

uous pouuez uoir en G, & H, à laquelle piece s'assemblent les liés marquez I, pour soustenir ladicte lambourde marquee N, qui est foible
de soy, pour n'auoir que demy pied de largeur, & un pied ou dix pouces de hauteur, & n'a point de force ou bien peu, pour les places & en-
tailles que lon y faict à mettre les soliues, comme pouuez uoir au lieu
marqué K. Aussi elle est soustenue sur lesdictz liens marquez I, & dessus la poutre assemblee auec les courbes, qui sont ladicte poutre, faut
que la courbe du milieu marquee E, soit plus haute en sa largeur (principalement par le milieu) à fin qu'elle se puisse trouuer entre les deux
lambourdes : & qu'en mettant un gouion de fer, pour aller d'une lambourde à autre, il puisse passer à trauers de ladicte courbe du milieu.
Iaçoit-que la figure ne le monstre, le faut toutesfois ainsi faire. Si
uoulez, au lieu dudict gouion de fer, ne faut qu'une cheuille de bois
d'un bon pouce de grosseur, sans y mettre fer, & en pourrez appliquer en trois lieux semblables : l'une au droict du milieu de la poutre, les autres à costé à deux ou trois piedz pres du milieu, comme pouuez uoir es endroits marquez P Q R. Par ainsi telles lambourdes & soliues, & autres choses que uoudrez mettre par dessus, poise-
ront egalement sur ladicte poutre. Et si elle ueut pousser par les costez comme elle feroit, à raison de sa charge, elle ne le sçauroit faire,
n'aussi reculer : uoire quand n'y auroit point de muraille, pour raison
des liernes qui passent à trauers les courbes & lieux marquez L. Ioinct
que les pousteaux sont assemblez dessus les plates-formes & aux lambourdes tant dextrement qu'elle ne sçauroit reculer ny uarier. Ne faut
oblier quand les poutres sont bien grandes de mettre deux gouions
de cuyure, de grosseur & longueur suffisante, qui tiendront ausdictes
plates-formes, & aux corbeaux qui les portent, comme i'ay dict cy deuant. Ainsi les plates-formes ne pourront reculer, car les lambourdes
les tiennent en ordre par le dessus, comme une corde : de sorte qu'elles
ne peuuent aller çà ne là, quelque charge qu'on leur sache donner, &
n'y a rien si fort. Vous pouuez mettre encores autre sorte de liens qui
poussent contre les reins de l'anse de panier de la poutre qui est assemblee aux pousteaux, & aux liens qui soustiénent lesdictes lambourdes,
ainsi que pouuez uoir aux endroicts marquez M. Les liernes marquez L, seruent de tenir en raison les courbes de la poutre : & les fais
me   : en œuure quasi semblables à celles qu'auez ueu au premier liure, pour les couuertures : vray est qu'au lieu qu'elles sont au milieu
des courbes, ie les fais mettre un peu plus bas, & la lierne de dessus à
l'extremité de la courbe, estant taillee par la moitié, & la courbe par
l'autre moitié. Et s'assemblent ainsi les liernes auec les courbes, cóme

Lambourde foible pour si peure largeur & hauteur.

Au lieu de gouion de fer cheuille de bois.

Conseil & aduis de l'auteur touchãt les liernes.

le pourrez aifément uoir par la figure fuiuante. I' cy uoulu monftrer la poutre impa.faicte, à fin que uous cognoiffiez & uoyez mieux
comme faffemblent les courbes auec leurs liernes, clefz, plates-formes, poufteaux, liens & lambourdes. Vous uoirrez cy apres un autre figure de poutre, toute parfaicte & entiere, monftrant comme les
foliues doiuent eftre.

Pourquoy
ft que l'au
ur môftre
y la pou-
e impar-
ide.

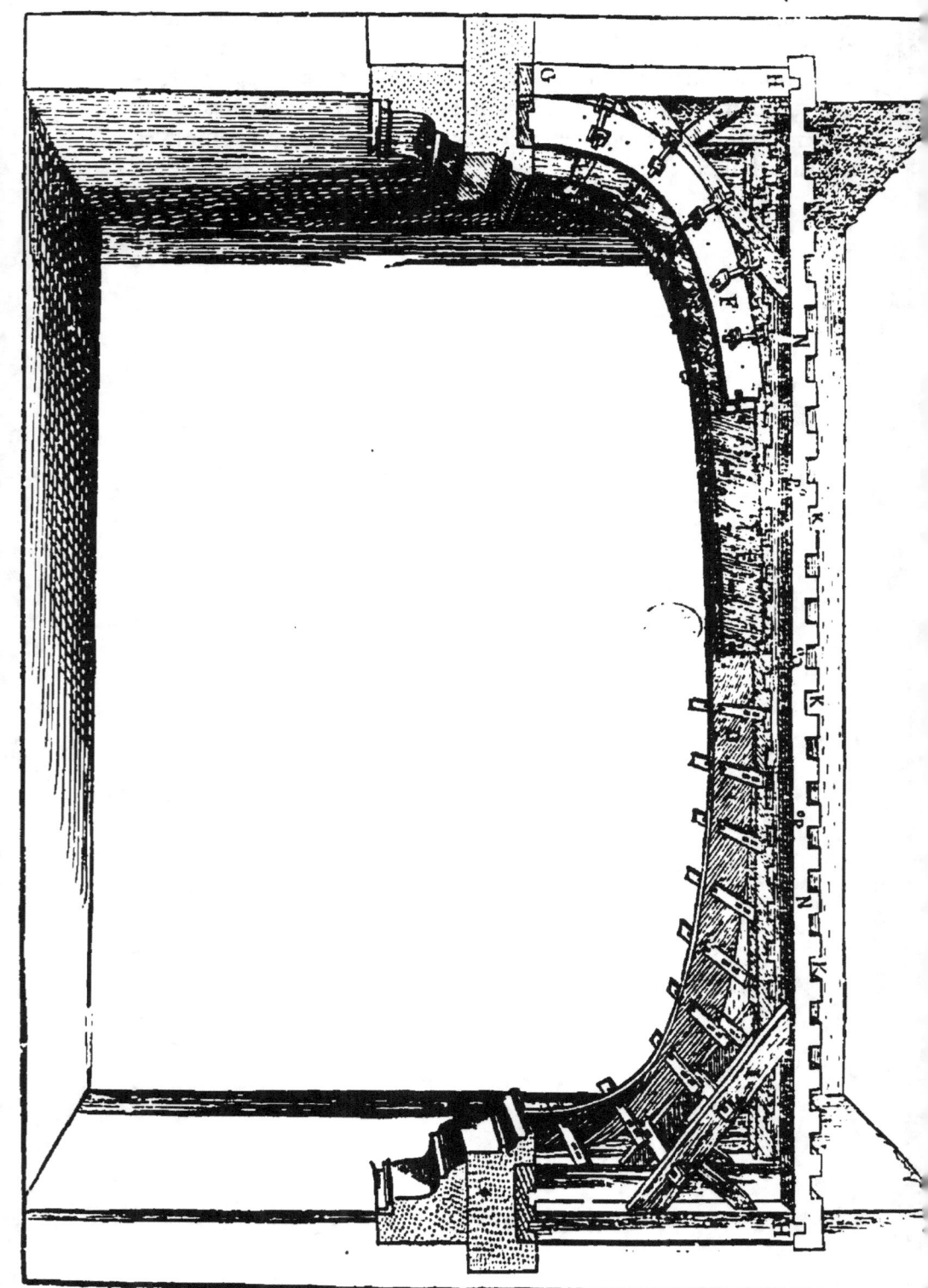

La maniere comme lon se doit conduire pour assembler les
poutres, & de quelle sorte de bois doit estre
faicte l'anse de panier.

## CHAPITRE IIII.

FIN qu'on puisse entendre parfaictement la façon
de noz poutres, ie feray quasi une redicte de ce que
i'ay monstré par cy deuant. Vous uoiez que ie figure
à une chacune poutre, trois rancs de courbes (comme
se peut cognoistre du portraict cy apres mis pour la
poutre qui est parfaicte au lieu marqué A B C) fai-
ctes une chacune de deux espoisseurs d'aix l'un contre l'autre. Lesquelles ie uoudrois faire de trois, quand il faut que les poutres excedent
uingtquatre piedz ou trente de longueur, & signamment les deux
courbes qui sont en l'extremité, comme celles de A & C. Si uous les
faictes plus longues, faudra que les pieces des courbes soient de plus
grandes espoisseurs, & plus larges. Quant aux longueurs, on fera plustost faute de les faire trop longues que trop courtes. Et ou lesdictes
poutres commencét à faire la montee & l'anse de panier, du lieu marqué D, iusques à E, si telles pieces estoient lõgues, la poulsee & charge
les pourroient faire fendre par le dessus, à cause que le bois se retire
tousiours en sa largeur, & espoisseur. Cela faict ouurir les commissures par le dessoubz, cõme au droict de F: & serre dauantage au dessus,
ainsi qu'au lieu marqué G. Parquoy faut que les ouuriers y prennent
bien garde, & qu'ilz tiennét les pieces plus courtes, & les cõmissures &
assemblages de dessoubz plus forts que dessus. Toutefois il n'en sçauroit uenir faute, uoire quand le dessoubz seroit ouuert de demy doigt,
pour les liaisons des pieces. Et aussi que lesdictes commissures sont
tousiours au droict du milieu des pieces qui font la liaison. Comme
quoy, si la commissure est au lieu de H, à la piece qui est deuant, l'autre
qui est au pres sera au droict de I, par l'autre costé, & ainsi des autres.
Il y a doncques si bonne liaison qu'il ne faut rien craindre : principalement quand les courbes seroient de trois espoisseurs. Et combien que
l'œuure fust bõne, quãd les cõmissures ouuriroient par le dessoubz, ce
neantmoins faut que les ouuriers ne delaissent à les bié faire, & que les
œuures soient le plus proprement que faire se pourra, à fin qu'il n'y ait
rien à reprendre. Il seroit encores meilleur pour faire lesdictes pieces
d'anse de panier (comme depuis D, iusques à E) qu'elles fuʃsent prinʃes
des bois qui sont tortus ou courbes de nature, desquelz on ne faict
grand cas, sinon à mettre en pieces pour bruler, ou bien faire les ga-
bots pour les nauires, ou courbes pour les bateaux. Ledict bois tortu

spirita la-
d'aucu-
choses
chãt la
position
poutres.

bois se re
r tous-
s en sa
geur & es
sseur.

en icy n'e
à crain-
e pour les
nes liai-
as.

eſt meilleur à faire leſdictes anſes de panier des poutres, que le droict,

parautant que le fil du bois ne ua droictement, mais ſe tourne côme la courbe & anſe de panier. Eſtant ainſi, il ſera plus fort & meilleur pour reſiſter contre la charge, & ne ſe ſçauroit fendre comme pourroient faire les pieces qui ſont de fil droict. D'ailleurs il faut prendre garde que toutes les pieces ſoient d'une meſme groſſeur & eſpoiſſeur : & qu'elles ſoient bien degauchees, à fin qu'elles ſe trouuét bien droictes par les coſtez, & qu'elles ſe puiſſent bien fort ioindre enſemble. Par ainſi elles ſeront plus aiſees à ſerrer & ſ'entretenir ſur leurſdictes commiſſures à droicte ligne. Il faut auſſi prendre garde à autre choſe, c'eſt quãd uous mettrez des cheuilles pour entretenir les pieces enſemble,

que les trous ſoient fort petis, à fin que uous ne corrõpiez uoz pieces de bois. Car ſi faiſiez uoſdictes cheuilles trop groſſes, pour cinq ou ſix qu'il faut à une chacune piece, ſans les mortaiſes qui ſont par le milieu, ou paſſent les lictnes, uous offenſeriez grandement uoz courbes, de ſorte qu'elles ſe pourroient fendre plus facilement. Faut d'auantage quand uous y mettrez leſdictes cheuilles, qu'elles ne ſoient miſes à force, mais bien qu'elles ſoient laſches : à fin qu'elles n'empeſchent quãd uoſtre poutre ſera aſſemblee qu'elle ne puiſſe porter entieremét ſur toutes les commiſſures, tant deſſus que deſſoubz. Il ſuffit que leſdictes petites cheuilles ſeruent à poſer l'œuure ſeulemét. Quand tout

eſt aſſemblé, ie uoudrois qu'elles fuſſent toutes dehors. Ie croy que uous entendrez qu'il faut quatre pouſteaux, deux deuant & deux derriere, comme ceux que uoiez marquez L M, qui ſeruent à porter les lambourdes, & auſſi que la poutre ne peut reculer. Suffira qu'ilz ſoient ſix ou ſept pouces en quarré pour le plus, & ſeront aſſemblez à la plate-forme de la poutre, & au bout des lambourdes, comme i'ay dict cy deſſus. Ne faut oblier mettre touſiours des liens ainſi que les uoiez marquez N, pour ſeruir à ſouſtenir leſdictes lambourdes, qui ſont fort

foibles, pour le peu de groſſeur qu'elles ont (comme auez entendu au chapitre precedent) & pour les tailles qu'il y a pour aſſeoir les ſoliues, ainſi que uoiez marqué P, en aucuns lieux. Quand tout cela eſt faict & aſſemblé, la poutre & plancher ſont plus aiſez à enrichir, tant de dorures qu'autres ornements de lambriz, que ceux que lon a accouſtumé de faire. Ie uoy ur grand bien en cecy, & ou lon peut euiter grands perilz, qui ne ſe cognoiſſent aux lambriz accouſtumez de faire tant aux poutres, que planchers, auſquelz ilz ſont ſouſtenus auec groſſe viz, crampons, & grands clous de fer. De ſorte que ſi la poutre uient à pourrir, ou à ſ'affaiſſer, ou ſe fendre & iarſer, ſi les clous, ou viz, faillent, & telz lambriz tombent : une infinité d'hommes y ſont attrapez. Parquoy ie trouue que c'eſt une choſe fort dangereuſe. I'en ay faict faire

ainſi pluſieurs, & en diuers lieux (côme on m'auoit commandé) ou i'ay esté autant soigneux que m'a esté possible, pour les bien faire arrester. Si est-ce que cela m'a tousiours donné peine en l'esprit, & ne m'en pouuois bien contenter, pour estre à la mercy d'un menuisier paresseux ou autremēt, qui pouuoit clorre telles choses legeremēt. Brief, ie ne me puis asseurer de telle façon. Ceste cy est seure, excellemmēt belle & fort propre pour enrichir comme on uoudra, sans qu'il y puisse auoir danger. Et n'en sçauroit aduenir faute par quelque lambris, ou ornement, que uous y uoudriez mettre. Parautant que toutes les commissures & assemblage de bois, uont par engressement suiuāt la montee & circonference des poutres, & autre montee que uous pourrez faire. Qui uoudroit cacher le bout des liernes, & toutes les pieces, tant du dedans de la poutre que du dehors, faire le pourroit, & de telz ornements qu'il uoudroit, à fin que lon ne uoie les lambourdes, pousteaux, & liens. Il feroit tresbeau les enrichir en telle maniere que uous voirrez au chapitre suiuant.

Le lambris de ceste Inuentiō estre sans aucun danger.

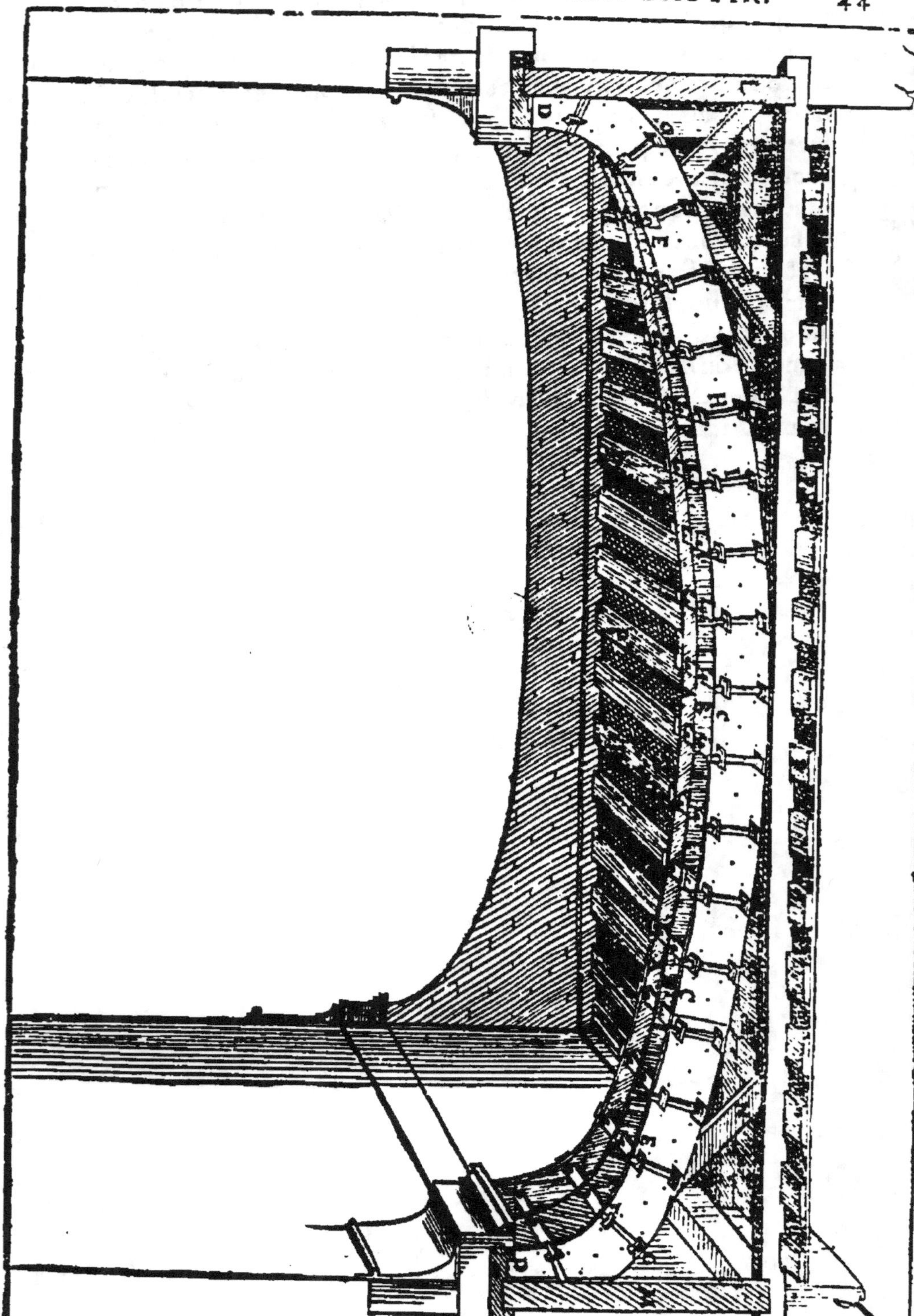

*Comme l'on peut enrichir les Poutres apres qu'elles sont faictes,*
*soit de Lambriz de menuiserie ou de quelque*
*composition d'Estuc, ou autre matiere.*

## CHAPITRE V.

**Pour obuier qu'aucuns creux ne se uoient aux creuures de ceste presente Inuentiõ.**

QVAND toutes les poutres sont parfaictes & assemblees, comme ie uous ay descript cy deuant, si elles sont pour seruir à une salle ou châbre, aucuns ne trouueront beau de uoir les liernes, clefz, cheuilles, pousteaux & liens estre ainsi creux par le milieu de la poutre, & uoudront dire que sera un amas d'ordures, & nichées d'araignees, qui pourroit estre uray. Mais pour y obuier il faut enrichir lesdictes poutres de quelques Lambriz dorez, ou autres ornements, tant riches que uoudrez, y faisant si peu de despese qu'il uous plaira. Vous y pourrez dõcques proceder en deux ou trois sortes, comme ie uous diray apres auoir quelque peu parlé de l'ornement que ie fis faire à une des poutres qui furent esprouuees (comme i'ay escript) & trouuees fort bõnes par le feu Roy Henry, de qui Dieu ait l'ame. Tous les bouts des liernes & clefz

**Bel ornemét de poutre & fort singulier.**

estoiét couuerts de mutules en façon de rouleau, aiãts une petite moulure par dessus, enrichie de fueillages & cancelées. Et entre lesdictes mutules ie faisois mettre en taille de relief, deux petis enfans comme gemeaux. A d'autres une masque d'un uisage aiãt des ailes en la teste cõme un Mercure, & autres ornements qui se peuuét faire. Pardessus lesdictes mutules & ornements, i'ordonnois une petite moulure qui regnoit comme le cintre de la poutre & anse de panier. Ce qu'aussi ie commandois faire par le dessoubs desdictes mutules, qui monstroit auoir fort bonne grace. Au dessoubs de la poutre ie faisois faire des cõ-

**Ornement pour le dessous de la poutre.**

partimens quarrez, & au milieu des bouillons & fueillages qui sont cõme roses. Puis au dessus de l'anse de panier, par les deux bouts pour trouuer la quadrature & niueau du plancher de dessus, ie feis faire des figures en basse taille de demy relief, comme Victoires, ainsi que les anciens ont mis quelque fois aux costez des Voulsures des arcs triomphans, par les faces au dessoubz de l'Epistyle, ou architraue, ainsi que les vulgaires l'appellent. Au droict de la lambourde ie faisois mettre

**Ornement pour la lambourde.**

vne corniche pour la cacher. Laquelle faisant les bastimens, ie uoudrois faire regner tout autour des murs. Car elle donneroit fort bonne grace aux soliues qui sont posees par dessus. Ainsi que uous pouuez facilement iuger par le deseing cy apres. Tel ornement de poutres est fort à propos pour y faire un ordre, comme lon faict sur les colomnes Doriques. Au lieu ou i'ay figuré des mutules qui cachent le bout des liernes des poutres, uous pourrez faire des Triglyphes, & entre iceux des Metopes cõme on faict aux frizes Doriques. I'en escrirois plus au

long, & d'autres ornemés à ce propos, mais ie remets telle matiere aux
ordres & ornemés des colomnes, lefquelz ie uous declaireray au liure
que i'ay en main pour paracheuer l'illuftration de noftre Architecture.
re. Lequel uous uoirrez bien toft fil·plaift à Dieu m'en donner la grace. Vous pouuez faire telz lambriz & ornemens de poutre, fi uous
uoulez de menuiferie enrichies de moulures dorees ou uernies. Mais
ie uoudrois qu'en ce faifant, les commiffures & affemblage fuffent
faicts fuiuant le traict de la poutre, à fin que le lambriz ne puiffe iamais
tóber de foy, & qu'il fe tienne de foymefme par engreffemét. Quát aux
Triglyphes qui font fur les bouts des liernes, ie uoudrois qu'il fuft facile de les ofter & mettre, comme auffi les Metopes (qui font les ornemens entre-deux) & que le tout ne tint qu'auec petites cheuilles, à fin
qu'on les peut ofter & remettre pour uoir par le dedás du corps de ladicte poutre, & fçauoir comme elle fe porte, & fil y a rien qui fe depe-
riffe. Semblablement au droict des deux bouts, au deffus de l'anfe de
panier ou font les Victoires, ie uouldrois auffi qu'elles fe peuffent o-
fter & remettre facilement quand on uouldroit fans rien gafter. Ce
faifant quand il fe trouuera quelque piece qui fera pourrie, il fera
facile de l'ofter & en remettre une autre fans rien abbatre ne demolir. Par ainfi on pourra entretenir par longues annees telles poutres.
Il ne faut icy oblier qu'il eft fort bon que les lambriz aient plufieurs
petis pertuis, à fin que le uent puiffe paffer & penetrer iufques au corps
de la poutre, qui gardera que le bois ne fefchauffe l'un contre l'autre.
Il fera facile de faire lefdicts pertuis dedans les yeux des mafques, figu-
rettes, fueillages, & autres lieux, de forte qu'on ne les pourra apperce-
uoir. Et faut qu'ilz foient les plus petis que faire fe pourra, car il fuffit
qu'il y ait un peu d'air. Si uous ne uoulez faire la defpenfe d'enrichir
telles poutres de bois & lambriz de menuiferie, uous le pouuez faire
de papier batu & moulé dedans le creux, aiant telz ornemés qu'il uous
plaira, tout ainfi qu'on faict les mafques. Apres uous le plaquerez &
attacherez deffus l'œuure auec des petis clous, & le tout peindrez &
dorerez comme il uous femblera. Vous pouuez faire en telle forte par
tout auec du papier batu ou papier de carte, tant par le deffoubz de ladicte poutre, que par les coftez, & durera tres long téps, principaleímét
quand fera uerny. Si cela ne uous plait, le pouuez faire d'autre façon,
cóme fi c'eftoit Eftuc d'une pafte que uous moulerez fur des creux, ou
y aura tel deuis & ouurage qu'il uous plaira. Cóme on uoit eftre faict à
plufieurs compofitions de fenteurs, oyfeletz de Cypre, miroirs uenans
du Leuant & Conftantinople. Aufquelz pais, ainfi que i'ay entendu, ilz
enrichiffent tous les planchers de leurs chambres & cabinetz de telles
façons & compofitions, defquelles i'ay ueu la maniere qui eft aifee,
tresbelle, & de petite defpenfe. Ainfi uous pouuez orner & enrichir

*[marginalia: Promeffe de l'auteur pour illuftrer l'architecture.]*

*[marginalia: Tous ornemens doiuét eftre facile à ofter & remettre.]*

*[marginalia: Gráde facilité & efpargne prouenát de la prefente Inuention.]*

*[marginalia: Moien d'enrichir & couurir les poutres autrement que le bois de menuiferie.]*

*[marginalia: Belle façon & fort ingenieufe.]*

vne poutre comme il uous plaira : & telles façons auront autre grace
& beauté que les lambriz que l'on a accouftumé de faire. Aucuns uoudront dire que telles poutres auront trop d'empefchement pour eftre
ainfi uoultees, & que celles qui font toutes droictes font plus belles.
Ie leur refpond & dy, que neceffité a efté caufe de cefte Inuention:
car aux chambres & logis que les Princes defirét faire en ce temps, qui
font de trente,& trente cinq piedz de large, uous ne fçauriez trouuer
bois pour y accommoder poutres, principalement de cnefne: duquel
on eft contrainct fe feruir en ce pais Septentrional de France, pour n'a-
uoir gueres d'autre bois. Et quand il f'en pourroit trouuer autant qu'il
faudroit, les poutres faictes d'iceluy ne fçauroient gueres durer, fi elles
ne font fouftenues aufdictz logis par le milieu : comme l'on a faict en
aucuns lieux, qui gafte l'eftage de deffus. En baillant quatre ou cinq
piedz de voulfure à noz poutres, elles ne fe monftrent de mauuaife
grace,principalement aux grandes chambres qui ont uingt piedz, &
quelque fois uingt cinq de hauteur. Et outre ce que lefdictes poutres
ne poulfent les murailles & ne les chargent au pris des autres qui font
toutes droictes, elles durent une infinité de temps, uoire tant que les
murailles font murailles, principalement fi elles ont à faire à un bon
mefnager. A fin qu'il ne refte quelque chofe à redire, i'ay eferit cy apres
plus particulierement que deuant, la façon des corbeaux ou mutules
qui portent les poutres, à fin qu'on n'y puiffe faire faute, & que tout
foit au contentement des Seigneurs, pour lefquelz on baftit.

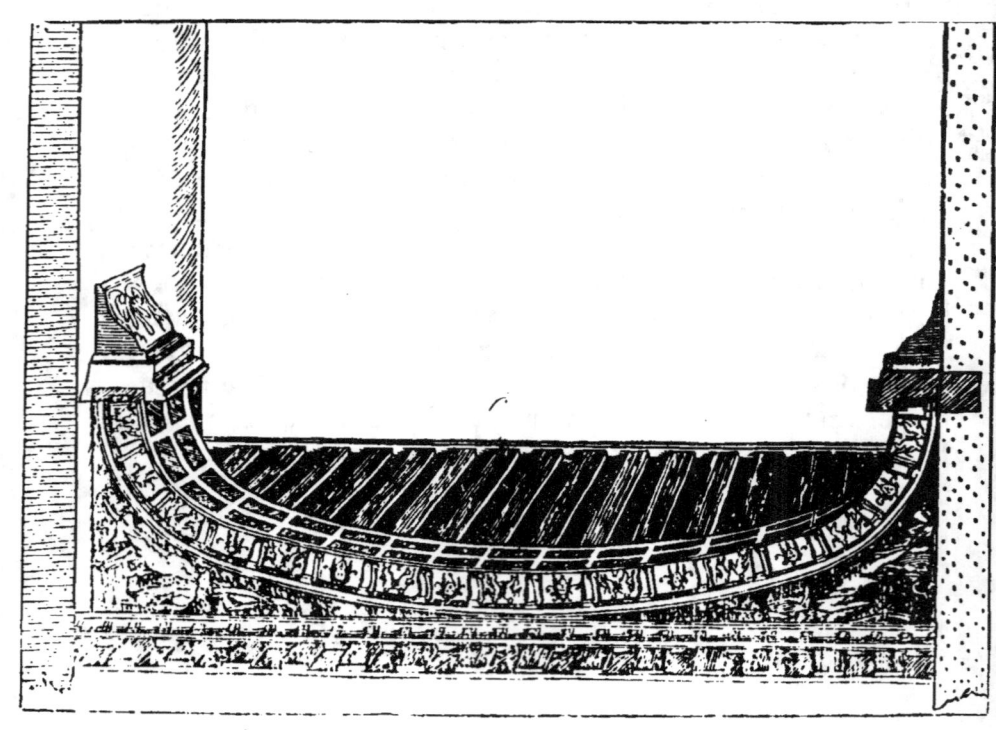

*Comme on doit faire les corbeaux, mutules, ou rouleaux à por-*
*ter les poutres, & de leurs assiettes & commence-*
*ment des soliues faictes de petites pieces.*

## CHAPITRE VI.

OVR n'auoir descript assez amplement à mon gré
la façon des mutules, ou corbeaux à porter les poutres, i'en ueux faire encore un petit discours, par autant que c'est une chose d'importance, & le fondement desdictes poutres erigees sur leurs corbeaux:
qui serôt tousiours faicts de trois assiettes de pierre
de taille pour le moins, & de la meilleure & plus
dure que uous trouuerez au païs pour bastir. Il faut que la premiere

assiette ait de saillie quelque peu, selon l'ornement que uous ferez audict corbeau, & qu'elle ait deux piedz de largeur, & de longueur autant que contient l'espoisseur de tout le mur. La seconde sera de mesme largeur, aiant d'auantage de longueur, parautant qu'elle prendra
encores plus de saillie que celle de dessoubz. Si uous ne pouuez trou-

uer pierre si grande, il ne sera pas mauuais de la faire de deux pieces, &
tenir la commissure en bonne liaison, & que lesdictes pieces contien-
nent tousiours autant de longueur qu'est la grosseur du mur, si faire se

peut. La troisiesme assiette sur laquelle sera assise la plate-forme de ladicte poutre, sera tout d'une piece, s'il est possible, & aussi longue que
toure l'espoisseur du mur auec la saillie qui portera la poutre de l'ornement. Il sera bon qu'elle ait pour le moins trois piedz & demy de
lôgueur, deux dâs le mur, & un de saillie pour l'assiette de ladicte poutre, & demy pour son ornement ou corniche, qui regnera tout autour

dudict corbeau, & de la largeur de la poutre. Laquelle si uous trouuez
auoir deux piedz de large, il faut que telle assiette de pierre en ait trois,
à fin qu'il y ait demy pied par les costez, pour l'ornement de sadicte
corniche, ou autre decoration que lon y uoudra mettre. Mais faictes
qu'icelle assiette de pierre soit toute d'une piece, & de l'espoisseur d'un
pied pour le moins, ou plus: suiuât la commodité que uous aurez des
quarrieres. Ie serois d'aduis que toutes les trois assiettes côtinssent trois

piedz de hauteur. Ce sera à la discretion de l'ouurier, qui en pourra biê
iuger selon la nature des pierres, & de l'ornement qu'il uoudra faire
ausdictz corbeaux ou mutules, & aussi suiuant la grandeur & lôgueur
de la poutre, de laquelle il aura necessité. Ainsi l'assiette de ladicte
poutre sera fort bien & tres asseuree. Il sera tousiours aisé oster des
pieces de ladicte poutre, & en remettre quand elles se trouueront gastees, sans rompre les murs: parautant qu'elle ne porte que d'une pe-

tite partie dans lefdictz murs, & fans eftre maçonnez autour. Car ie ne
vueil qu'elle touche la muraille, ne moins le mortier. Aucuns pourroient dire que telz corbeaux n'auront bonne grace, & qu'ilz donnent
empefchement à mettre les tapifferies. Ie refpond, que les lieux ef-
quelz on doit affeoir telles poutres font grands logis, qui ont de xxiiij
à xxx piedz ou plus de largeur. Et pour auoir grande longueur & largeur, il faut que les hauteurs foient de mefme: de forte qu'il ne fe trouue couftumierement tapifferie fi haute qu'il y faudroit. Ie uoudrois
uolontiers qu'on fift d'un corbeau à l'autre des ornements de frize, ou
autre chofe de peinture ou fculpture, au plaifir du Seigneur de la mai-
fon : & par le deffoubz des corbeaux qu'on mit au niueau des traines    Ornemens de frizes entre les corbeaux.
pour tenir la tapifferie, laquelle uous trouuerez plus conuenable & à
propos pour decorer le lieu. I'ay faict à la figure fuiuante les corbeaux
& fondements des poutres aux lieux marquez. 1. 2. 3. en façon d'une
corniche, & un peu plus lourds, mais c'eft à fin de mieux conceuoir
comme ilz doiuent eftre. A la figure qui uiendra apres, uous les trouuerez de meilleure grace. Auffi ie commence à monftrer en cefte pre-
fente figure, la façon comme on peut faire les foliues de plufieurs pie-    Soliues de plufieurs pieces ainfi que les poutres.
ces (ainfi que les poutres) qui feront fondees à l'alignement du mur, &
n'auront point de faillie comme les poutres. Ce que uous pouuez uoir
par la ligne qui ua de A à B, & auffi comme les poutres marquees C,
fortent d'auantage fur les corbeaux ou mutules faicts en façon de cor-
niche. Les commencements des foliues faictes en anfe de panier com-    Soliues en anfe de panier comme les poutres.
me les poutres, fe uoient à la marque D. Et me femble que lefdictes
foliues auront trefbonne grace eftants faictes ainfi de pieces : comme
vous cognoiftrez mieux par le chapitre enfuiuant, & par la figure cy
apres mife.

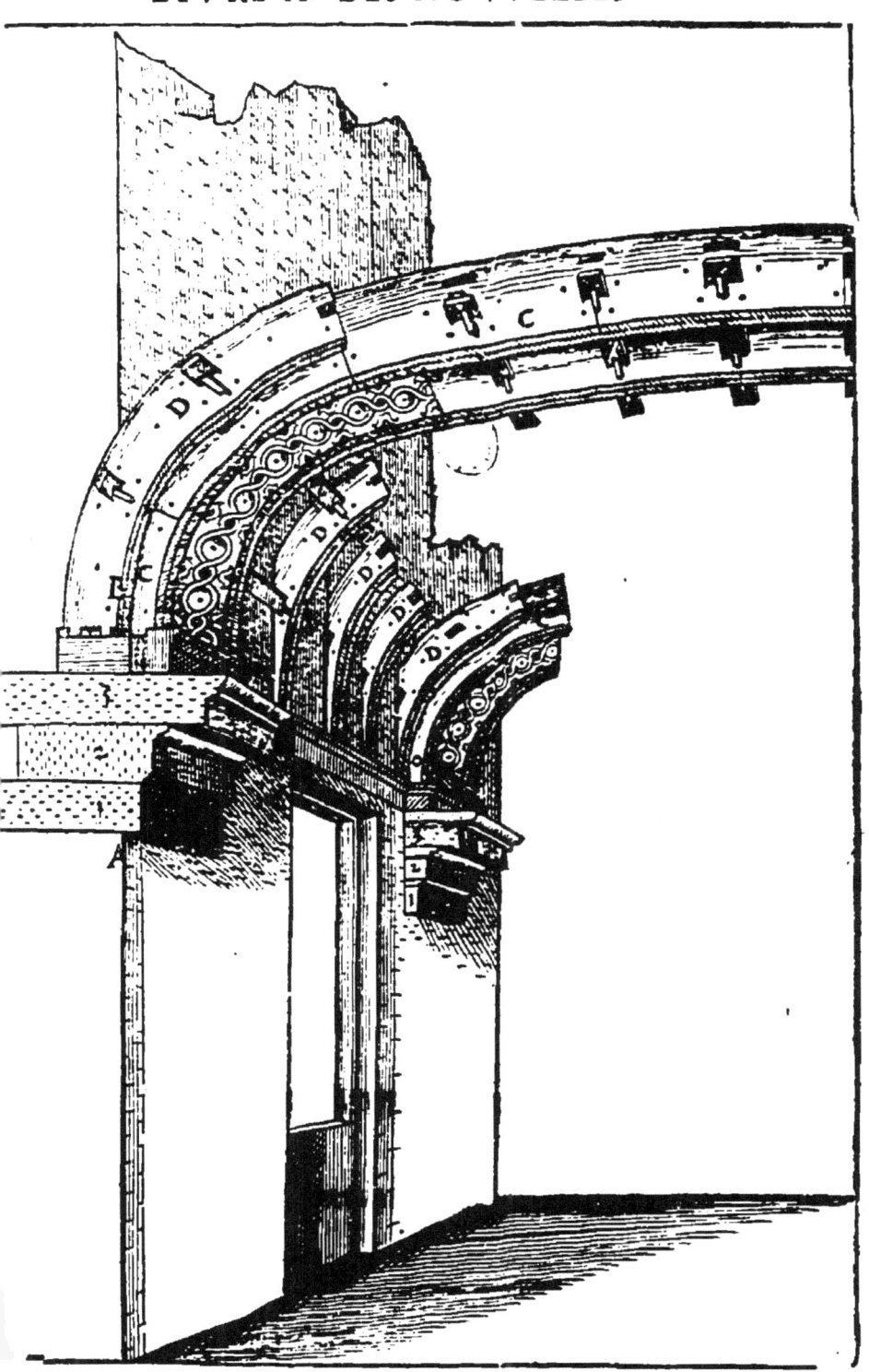

Comme lon doit tirer les commissures des poutres
des trois centres.

CHAPITRE VII.

E uous ay monſtré tout ce qui m'a ſemblé meilleur
pour la conſtruction des poutres, à fin d'auoir entiere intelligence de noſtre nouuelle Inuentiō. De
ſorte qu'il me ſemble que uous en pourrez faire
uoſtre profit, ſans plus long diſcours. Toutefois
, pource qu'ilz ſe trouuent pluſieurs gentilz eſprits,
leſquelz combien qu'ilz ne facent profeſſiō d'Ar-
chitecture, ſi eſt-ce qu'ilz ſont curieux de l'entendre, ſoit pour en deui-
ſer, commander aux ouuriers, qui baſtiſſent pour eux, la ſorte & façon
de laquelle ilz ueulent eſtre ſeruis, ou autrement: pour ceſte cauſe, & à
fin que noſtre œuure ſoit auſſi propre pour eux que pour apprentiz &
maiſtres, ie ne veux faillir icy monſtrer tout ce dont ie me pourray
ſouuenir: voire iuſques à eſcrire quelque fois choſes ſi legeres, qu'il
me ſemble que c'eſt quaſi moquerie de les mettre en lumiere. Ce que
i'ay faict à fin que lon ne die que i'eſcry trop obſcurement, & que ie ne
veux eſtre entendu. Qui eſt cauſe que ie fais mes diſcours les plus fa-
miliers & plus intelligibles que ie puis. Si n'eſtoit l'empeſchement qui
ſeroit au liure, ie figureroye autre poutre de deux ou trois piedz de lōgueur: mais repliant tant un papier, comme il faudroit, outre la fache-
rie qu'il donne, il ſuſe & rend le liure difforme. Ie uous ueux icy aduertir ſeulement de prendre garde ſur tout, que les pieces dequoy uous
ferez les courbes des poutres aient toutes leurs commiſſures & ioincts
tirez (un chacun en ſon endroict) des poincts uenants des centres d'ou
ſont prinſes les montees & anſe de panier, ou circonference d'icelles.
Car ilz ſe trouuent trois centres, comme uous pouuez cognoiſtre, un
par le milieu qui uient de loing, & deux aux extremitez qui font l'anſe
de panier, & commencement de la naiſſance de la poutre. Les trois
enſemble s'adouciſſent, & conduiſent le centre de ladicte poutre ſi
dextrement (ainſi que uous pouuez cognoiſtre) qu'elle ſe monſtre
de bonne grace, & donne contentement à la veüe. Ie dy d'auātage, que
les poutres eſtants tirees de telz centres, & aſſemblees par telles commiſſures qui en procedent, ſe trouuent d'une force incroyable, quand
elles ſont conſtruictes comme celles que i'ay deſcrites cy deuant. Telles commiſſures & aſſemblages ne ſe uoient point pour les ornements
des mutules, qui ſont faicts quaſi en façon de Triglyphes, & mis au
droict deſdictes commiſſures, comme uous pouuez uoir & cognoiſtre par ladicte figure cy deuant miſe.

Pluſieurs eſ-
pits propres
& ingenieux

l'Auteur eſ-
crire tant
pour les mai
ſtres que
pour les a-
prentiz.

Quelles doi
uent eſtre
les pieces,
deſquelles
ſont faictes
les courbes
pour les pou
tres

# LIVRE II. DES NOVVELLES

*Inuention de faire une autre forte de poutre de plufieurs pieces,*
*& toute droiſte par le deſſoubz, qui ſe trou-*
*uera tres forte & fort bonne.*

## CHAPITRE VIII.

E me ſuis aduiſé en reliſant ce preſent chapitre d'une autre Inuention, à fin de ſatisfaire à ceux qui n'ont accouſtumé uoir poutres en anſe de panier, ou aiant aucune circonference & montee: qui pourroit eſtre cauſe qu'ilz ne trouueront bonnes noz poutres, pour n'eſtre droictes, cóme ilz ont de couſtume uoir. Par

*Pour faire poutre de plufieurs pieces.*

ainſi ie ueux móſtrer comme on pourra faire une poutre de plufieurs pieces toute droicte, & d'auſſi grande longueur que uoudrez, & que pourrez auoir affaire. Vray eſt que telles poutres ſont de plus grande deſpenſe, & de plus grands couſts que celles que nous auons deſcript & figuré cy deuant. Et faut que les murs ſoient bien forts & de bonne groſſeur pour les porter, au pris de ceux deſquelz nous auons ia parlé. I'en figurerois uolontiers une, & en donnerois icy ſon deſcing, n'eſtoit que le protraict ne ſeroit preſt pour l'imprimer: parautant que noſtre œuure eſt ia ſur la preſſe, & de iour en iour ſauance. Ceux qui en-

*Traicts de Geometrie neceſſaires à un Archi-tecte.*

tendent les traicts de Geometrie en cóprédront aiſeement la façon, & noteront ce que ie ueux dire, ſil leur plaiſt. Prenez le cas que lon vueille faire une arriere uoulſure, ainſi qu'appellent les maçons (qui eſt une uoute toute droicte par le deuant, i'entend par le deſſoubz, & par l'autre coſté un peu ronde, comme la quarte partie d'une Sphere en ſa circonference entiere) ainſi la poutre dont ie parle, ſeroit toute droicte par le deſſoubz, & par le milieu, & au plus haut d'icelle eſtant faicte de plufieurs pieces. Les commiſſures & aſſemblages ſeroient ti-rez comme ſi elles eſtoient rondes, ou aiants aucune circonference: toutefois le deſſoubz demeure touſiours droict. Et tant plus la pou-tre ſera longue, plus il y faudra de groſſeur & de hauteur, & ſera plus aiſée de ce faire. Auſſi entre les commiſſures il faudra faire aucuns trous, de deux à trois pouces en quarré, en forme de dez, pour y mettre des pieces de bois, mais il faut qu'elles ſoient couppees, & ſoient mi-ſes de bois de long, comme de bois de bout contre le bois debout, car il ne ſe trouueroit bien autrement, pource qu'il ſe retire. Et auſſi par-deſſus la poutre faut au lieu des charges que lon y met pour la ſouſte-nir, ainſi que les ouuriers ont de couſtume les mettre en œuure, faire comme ſi c'eſtoit un petit arc ſoubaiſſé de plufieurs pieces, & que les commiſſures uiennent du centre dont ſera faicte la circonference du-dict arc ſoubaiſſé, qui ſera fondé ſur le bout des poutres: & par le

milieu

milieu & aux coſtez dudict arc ſoubaiſſé y aura des clefz & liernes qui ſouſtiendront les pieces de ladicte poutre, de ſorte qu'elle ne ſçauroit aucunement tomber, tant pour eſtre ſouſtenue de ſon artifice & fa-çon de traicts, que pour leſdictes charges & arcs ſoubaiſſez. Elle peut ainſi porter une bien grande poiſanteur, & ſe maintenir longuement en œuure, pourueu que les murailles ſoient bonnes & fortes, com-me nous auons dict. S'il uient à propos en aucuns autres de noz liures d'Architecture, i'en feray un deſeing bien au long : duquel uous l'en-tendrez facilement, & trouuerez une belle Inuention, non toutefois ſi bonne que des poutres que i'ay deſcriptes cy deuant, ne de ſi lõgue duree, n'a ſi petis fraiz. Et encores le principal eſt, qu'elles ſe peuuent entretenir & durer bien longuement, car on y peut pour les cauſes al-leguees & produictes cy deuant (leſquelles ne peuuent auoir icy lieu) remettre une piece quand elle ſe trouuera gaſtee. Ce qui ne peut eſtre faict à la poutre droicte. Car ſi elle eſt pourrie par un bout, ou aucu-nement gaſtee, il la faut toute abbatre, pour la refaire, qui eſt une grande incommodité, de laquelle en tout & par tout eſt exempte la poutre que nous auons deſcripte cy deuant.

Continu de ladi poutre.

Differen des poutr droictes a autres de c ſte Inuẽti

*D'un corbeau ou mutule faict en plus grand uolume que ceux que nous auons deſcrit cy deuant. Enſemble un diſcours com-me lon ſe peut aider des buſches de moule à faire poutres, & du bois de coſteretz (ainſi qu'on parle à Paris) pour faire les combles & couuertures de ceſte Inuention.*

CHAPITRE IX.

'A Y uoulu deſcrire encores une autre ſorte de cor-beaux ou mutules à porter les poutres, & en plus grand uolume que les precedents, à fin que lon en puiſſe auoir meilleur iugement. Et en ay deſeigné deux pour ſeruir à une meſme choſe, à celle fin que vous en uoiez de front, cõme il ſe uoit à celuy qui eſt marqué A, au droict de ſa corniche, & au deſſus eſt le commencement de la poutre : l'autre qui eſt au pres marqué D, eſt le coſté dudict corbeau qui ſe uoit en profile, comme les ouuriers ont de couſtume parler. Vous uoiez comme il ſera aiſé d'en faire les trois aſſiettes de pierre l'une ſur l'autre, comme i'ay dict cy deuant qu'il les faut faire. La corniche marque D, ſera pour une, & le rou-leau qui eſt au deſſoubz ſe fera de deux aſſiettes, aiant une commiſſure

Corbeaux ou mutules de grand uo lume.

K

onfeil &
durriffe-
ent de l'au
ur.

au milieu. Ie uoudrois que le deffus de la corniche de ce qui eft de
faillie plus que les groffeurs de la poutre, fuft en pente, & non point en
niueau, à fin que lon puiffe mieux uoir ladicte poutre, & auffi il ne fera fi facile à amaffer poudre, comme il feroit fi ladicte corniche eftoit
droicte. Qui uoudroit deferire toutes les parties de fa corniche, les
rouleaux, mouleure & caneleure, ou ftrieure, feroit chofe longue : au
liure, que ie donneray des ornements des colomnes, ie feray tant de
fortes de corniches & autres ornements (lefquelz ie monftreray à l'œil
auec leurs proportions & mefures) qu'ilz aduiferont tous bons efprits
d'en pouuoir inuenter d'autres fortes, tant de corbeaux qu'autres façons de corniches. Pource il me femble, qu'il n'eft de befoin d'en faire plus grand difcours, attendu que le pouuez bien cognoiftre par la
figure cy apres : & non feulement des corbeaux, mais encores comme
doit eftre la plate-forme de la poutre qui eft fur ledict corbeau, & faict
le commencement d'une poutre figné F, auec fon poufteau, liens &
lambourbes enfemble, dont ie ne uous en feray plus long difcours,
pource que uous aurez le tout entendu par cy deuant : auquel lieu ie
crains d'auoir plus toft trop efcript que peu. Ie uous deferirois uolontiers encores autres façons de poutres, qui feroiét auffi fortes & aifees
que celles icy, mais ie ueux attendre & cognoiftre comme lon rece-
ura ce mien premier labeur : duquel fi i'aperçois qu'on fçache tirer
fruict, & que lon f'en contente, ie prendray grandiffime plaifir de faire
cy apres chofe qui foit aggreable à ma patrie, & à toutes perfonnes de
bon efprit : leur donnant de bon cueur tout ce que ie me pourray aduifer eftre neceffaire à l'Architecture. Ie dy une infinité de chofes re-
couuertes en mon temps, & d'autres inuentees par moy, defquelles
ie n'auois iamais ouy parler. Et pour le grandiffime profit & plaifir
qu'elles apporteroient à la pofterité, ie ne les uoudrois enfeuelir auec
moy, ains pluftoft les faire uiure apres moy. Or entrons à propos, fil
vous plaift. Pour les fortes des poutres que ie veux parler, il ne faudroit de plus grand bois pour les faire que de bufches de moule defquelles lon ufe ordinairement à Paris pour bruler, qui n'ont que quatre piedz de longueur, & enuiron huit pouces de largeur, uoire les
plus groffes. Lefquelles il faudroit mettre encores en trois ou quatre
pieces, pour en pouuoir tirer du bois qui feroit fuffifant à faire poutres
de la lógueur de fix, huit, ou dix toifes, ou plus qui uoudra. Pour faire
les combles des couuertures, à la neceffité ou ne fe trouueroit bois à
propos, il n'en faut point d'autre que celuy qu'on pourroit choifir aux
cofterets que lon ued à Paris, pour bruler, qui n'ont enuiron que deux
piedz de longueur : car il fuffit que les pieces pour lefdictz combles
foient de telle longueur, accompaignee de deux pouces de diametre
ou largeur. Et iaçoit que ledict bois fuft quarré foubz la mefme lar-

riefue de-
laration de
a figure en-
iuante.

Bufches de
moule pro-
pres à faire
poultres de
cefte nou-
uelle Inué-
tion.

Bois de co-
fterets pro-
pres à faire
les combles
des couuer-
tures.

E

geur de deux pouces, ou tout rond, ou arondi, ou comme uous uoudrez, en un befoin auec l'efcorce, ainfi qu'il uient de la foreft, fans y faire autre chofe ( finon coupper les bouts par engreffement, fuiuant la
montee & rondeur que uoudrez donner à la couuerture & comble que uous defirez faire) il fera trefbon, & n'y faudra autre bois, finõ
quelques petits aix de fix piedz en fix piedz, pour tenir l'œuure de char
penterie en raifon, iufques à ce qu'elle foit affemblee. Car apres ce,
vous pouuez ofter lefdictz aix, fi uous uoulez, & le couurir, ie ne diray
d'ardoife ou de tuilles, mais de pierre de taille fi uous uoulez, tant eft
forte & affeuree cefte Inuention. Et fi l'œuure eft bonne, encores eft
elle plus belle à uoir: principalement fi ces petites pieces font toutes
tournees au tour, pour les entrelaffements & affemblages qu'il y a. Et
ce fuffira quant au prefent propos & chapitre.

K ij

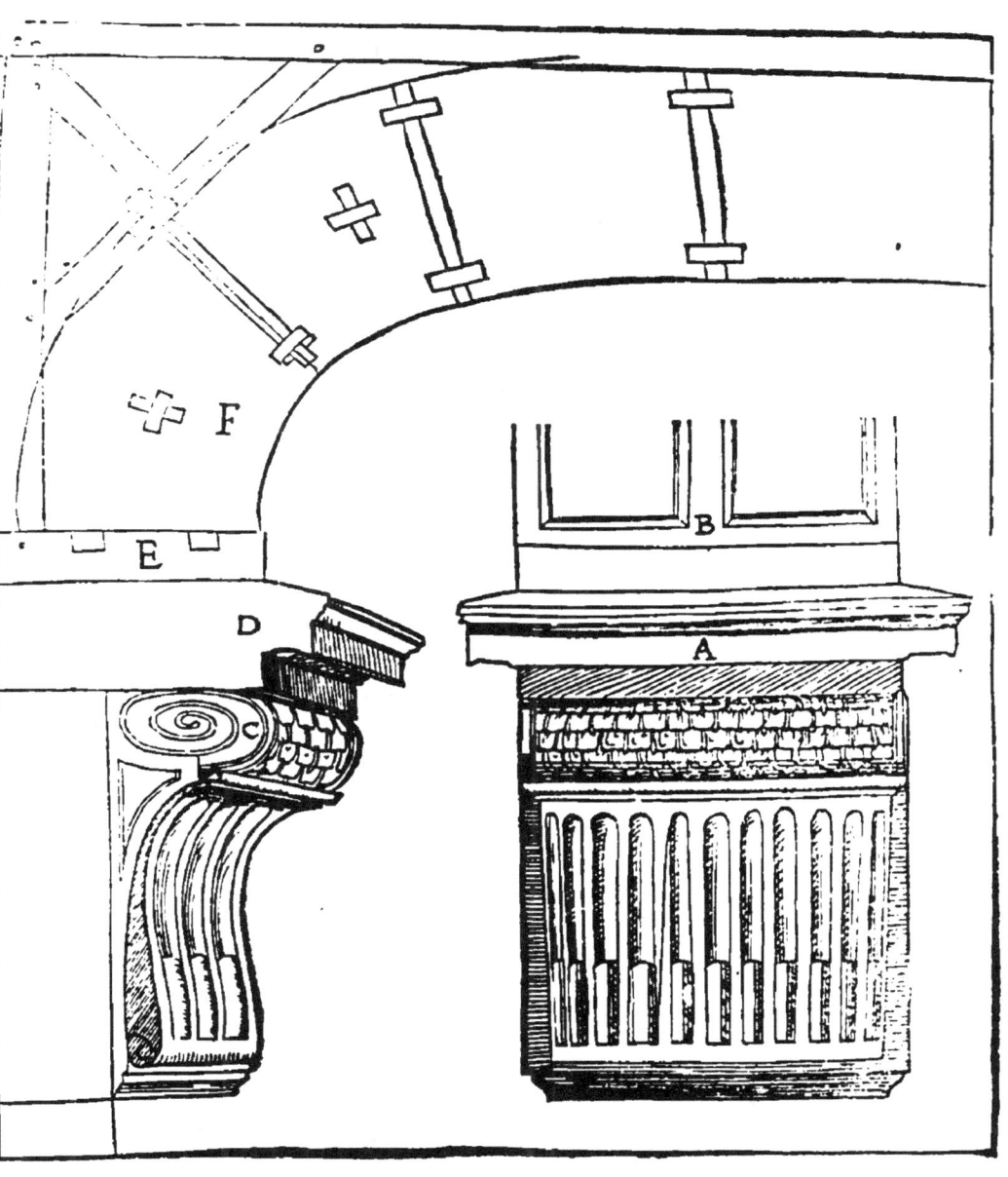

*Pour faire Soliues de toutes petites pieces d'aix, & seront en*
*Anse de panier, ainsi que les Poutres.*

### CHAPITRE X.

EVX qui ne pourront trouuer bois à propos pour faire
soliues, les pourront faire de petites pieces, comme les
poutres ou combles des couuertures, en telle façon.
Apres que les corbeaux sont faictz, & leur corniche
ou moulure (qui a enuiron demy pied, ou cinq pouces
de haulteur & autant de saillie) il faut qu'elle regne d'un corbeau à autre, & tout au long des murs & au niueau, comme pouuez uoir à la figure aux lieux marquez A B C. Par dessus uous erigerez de deux piedz
en deux piedz les courbes, qui seront faictes de pieces de trois piedz de
longueur, & enuiron un pouce d'espoisseur, & huit ou neuf pouces de
largeur, comme uoiez marqué D E F G. Et auront leurs liernes au
droict de la deuxieme des plus hautes qui sont aux poutres, ainsi que
voiez aux lieux marquez H: à fin que lesdictes poutres se puissent mô-
strer de saillie d'auantage plus que le plancher & soliues, & autant
qu'elles ont de saillie sur les corbeaux. Mais il faut prendre garde que
les pieces desquelles seront faictes les soliues, soient conuenables &
sortables à celles des poutres: à fin que toutes les mortaises desdictes
poutres & soliues soient à ligne droicte, & que les liernes y puissent
passer sans contraincte: car cela donnera à l'œuure fort bonne grace. Toutes les soliues seront erigees à l'alignement du mur, & au
droict de chacune courbe par le dessoubz uous pourrez mettre une
petite moulure clouee, ou en rongneure (ainsi que les menuisiers l'a-
pellent en ce pais) qui seruira à porter un petit lambriz de bois, ou autres matiere entre les courbes des soliues: comme uous uoiez aux lieux
marquez K. En telz compartimens & lambriz uous pourrez mettre des petites moulures enrichies, lesquelles pourrez faire peindre,
dorer, vernir, ou illustrer d'autre sorte d'ornement que uoudrez: qui
cachera tous les assemblages des courbes, & se pourra faire à bien
peu de fraiz. Vous pouuez aussi faire des moules creux, esquelz sera engrauee ou taillee telle figure, ou telz fueillages & animaux
que uoudrez: ainsi que nous auons escrit cy deuant, quand nous par-
lions de l'ornement & enrichissement des poutres. Ie uous en donnerois plusieurs autres façons, si ie ne craignois estre trop long, & entrer hors de propos. Ie uous puis bien asseurer qu'on ne uerroit chose plus belle, ne plus riche pour plancher, ainsi que ie la descrirois,
& tiendroit sur le bois tant qu'il seroit bois, ne chargeant aucunement
le plancher, qui seroit pour ceste cause moins en dâger de tomber que

K iij

Soliues fai-
ctes de peti-
tes pieces, cô-
me poutre
& combles

Comme do-
uent estre e-
rigees les so-
liues.

Decoration
des lambriz
& comparti-
mens.

Decoration
du plancher
fort belle &
riche.

ceux qui fe font ordinairemēt, ainfi que i'ay dict cy deuant. Qui uoudra, y pourra faire & appliquer de beaux tableaux à huile, enrichiz par
les bords de telle compofition que i'ay parlé. Ce feroient chofes rares,
& de plus grande louange encores, pour les pouuoir ofter & mettre,
comme on voudroit. Et quand il aduiendroit qu'on uouluft reuoir la
charpenterie, & la uifiter pour y mettre quelques pieces, on pourroit
ofter tous les ornements & peinctures, & les remettre fans rien gafter,
& n'eftre en danger de iamais tomber.

age de
enterie
à ofter
mettre.

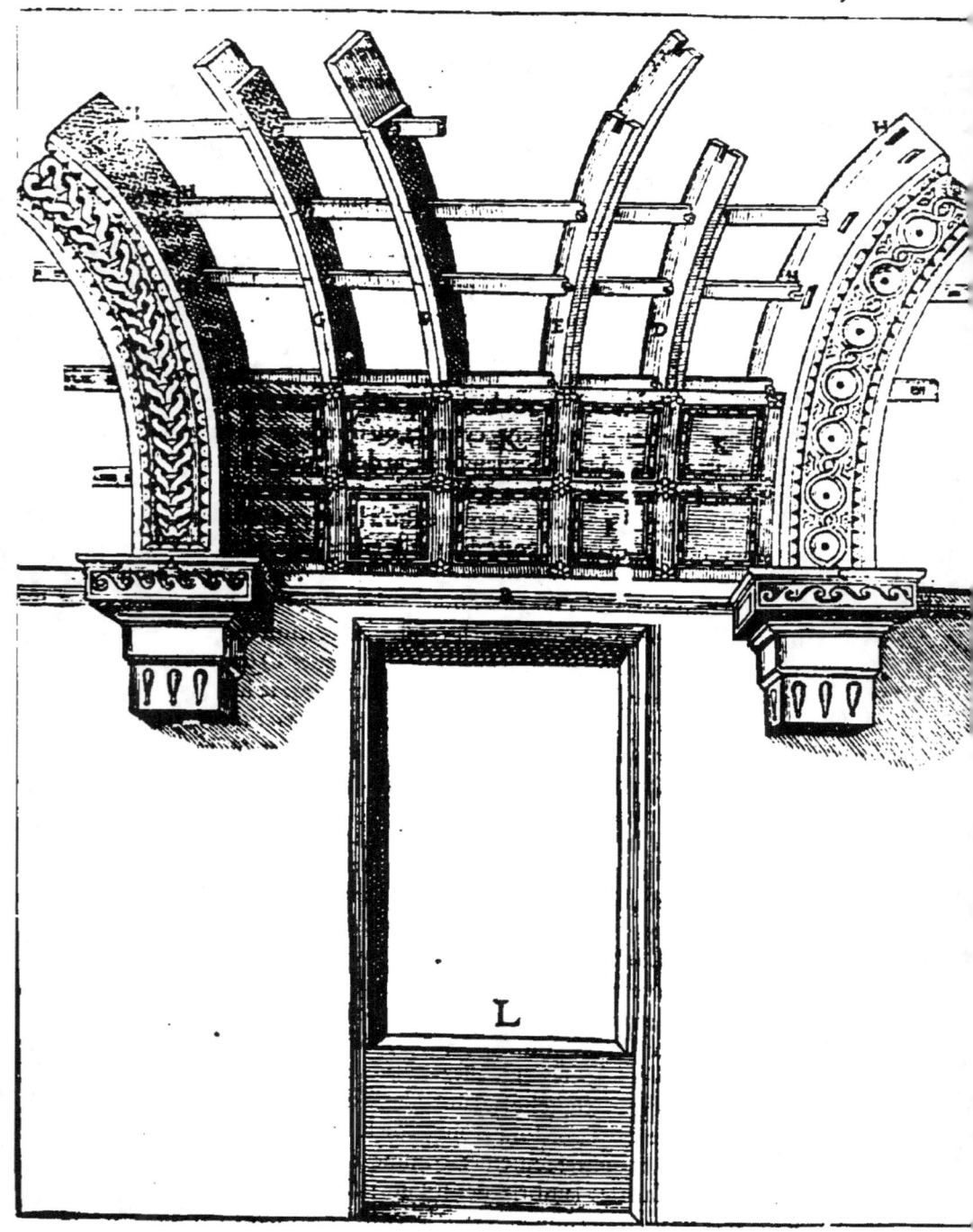

*Comme on doit faire les fenestres croisees plus hautes que la naissance des poutres, à fin de donner meilleure clarté ou plus de iour de dans les lambriz.*

### CHAPITRE XI.

**Chambres & salles melancholiques à faute de clarté.**

PARAVTANT que les salles & chambres se trou-ueroient melancholiques si les fenestres croisees, ou autres n'excedoient qu'enuiron le plus haut des corbeaux ou mutules ( ou est fondee la naissance des poutres, comme uous uoiez à la figure cy deuāt marquee L ) pour ceste cause ie conseille faire les-dictes fenestres plus hautes de trois ou quatre piedz, quasi autant que la môtee des poutres, à fin que la clarté puisse donner dedans les lābriz: Ainsi que i'ay figuré au deseing cy apres, ou uous uoiez que les dernie-res fenestres sont dedans les lambriz, au droict des soliues faictes en courbes. Ie suis aussi d'aduis quand uous aurez mis telle croisee au droict d'une trauee entre deux poutres, qu'à l'autre qui est aupres n'yen ait point, mais bié à l'autre costé de la salle en ce mesme endroit. Il sera plus côuenable & plus beau que les croisees ne soient point au droict l'une de l'autre: car si les fenestres sont à l'opposite l'une de l'autre, y a

**Fenestres ne deuoir estre opposees l'u-ne à l'autre.**

tousiours ombre & obscurité par les costez entre lesdictes fenestres: la-quelle rend ordinairement les lieux melācholiques. Qui ueut uoir ce-la par experience, le peut cognoistre au bastimēt que ie fis faire à sainct Maur des fossez prez Paris: lequel a esté le premier en Frāce faict pour monstrer comme lon doit obseruer les proportions & mesures de Architecture, en ce qu'il peut côtenir. Aussi il se peut uoir à la salle &

**Chasteaux d'Annet & S. Ligier.**

gallerie du chasteau d'Annet: & à la grande gallerie que i'ay faict con-struire de neuf au chasteau de sainct Ligier, en la forest de Montfort, qui est tres belle à uoir, estant accompaignee de deux pauillons & une chappelle au milieu. Il y a assez d'autres lieux esquelz i'ay ordóné telle-ment faire. On peut commander mettre ainsi les croisees, qui auront bonne grace. Le deuxiesme croisillon marqué G, se pourroit accom-moder à la hauteur d'une petite corniche que lō feroit aux mutules & corbeaux qui portent les poutres & regneroiét tout autour de la salle, & au niueau dudict croisillon marqué G, comme si c'estoit un plinthe ou corniche syncopee. Ie pense assez d'autres decorations que lon peut faire dans les logis, lesquelles ie laisse à la discretion du Seigneur, & de son Architecte, qui en ordonneront selon leur uolonté, & bon esprit. Me suffit uous monstrer seulemēt comme les croisees doiuent mon-ter plus haut dans les lambriz des soliues: ainsi que uous uoiez que lesdictes soliues sont cômencees par les costez marquez I, continuants

& paſſans outre : leſquelles on couurira de lambriz de menuiſerie, ou autre matiere, ainſi que uous uoiez commécé aux endroictz marquez C D E F. Ie ne uous eſcris comme il faut par le deſſus dreſſer le plancher pour le mettre au niueau, à faire l'aire des chambres ou ſalles qui ſeront au ſecód ou troiſieme eſtage : pource qu'il ſera tres facile à tous qui font profeſſion de ceſt art (tát peu de iugemét ſçauroient ilz auoir) à les faire de telles pieces de courbes, cóme i'ay deſcript les ſoliues, qui iront cótre les coſtez des murs pour dreſſer l'aire, comme ſi c'eſtoient autres ſoliues droictes. Si ainſi ne le uoulez faire, uous pourrez mettre au long des murs quelques ſoliues, cóme ſi c'eſtoient ſablieres par deſſus les poutres pour y accommoder les aix, deſquelz ſera dreſſé le plancher, ſur lequel ſera miſe l'aire faicte de plaſtre, ou de carreau de terre cuitte, ou de lambriz de menuiſerie, ainſi qu'il plaira au Seigneur. Cela eſtant tres aiſé me dóne occaſion ne plus rien dire pour ceſte heure des poutres & ſoliues. Vous pourrez cognoiſtre par la figure miſe cy apres, le diſcours du preſent chapitre.

Cóment doiuent monter les eſcouées.

Pluſieurs choſes ſe peuuent laiſſer au iugement des bons eſpritz.

Brieueté fort familiere à l'Auteur.

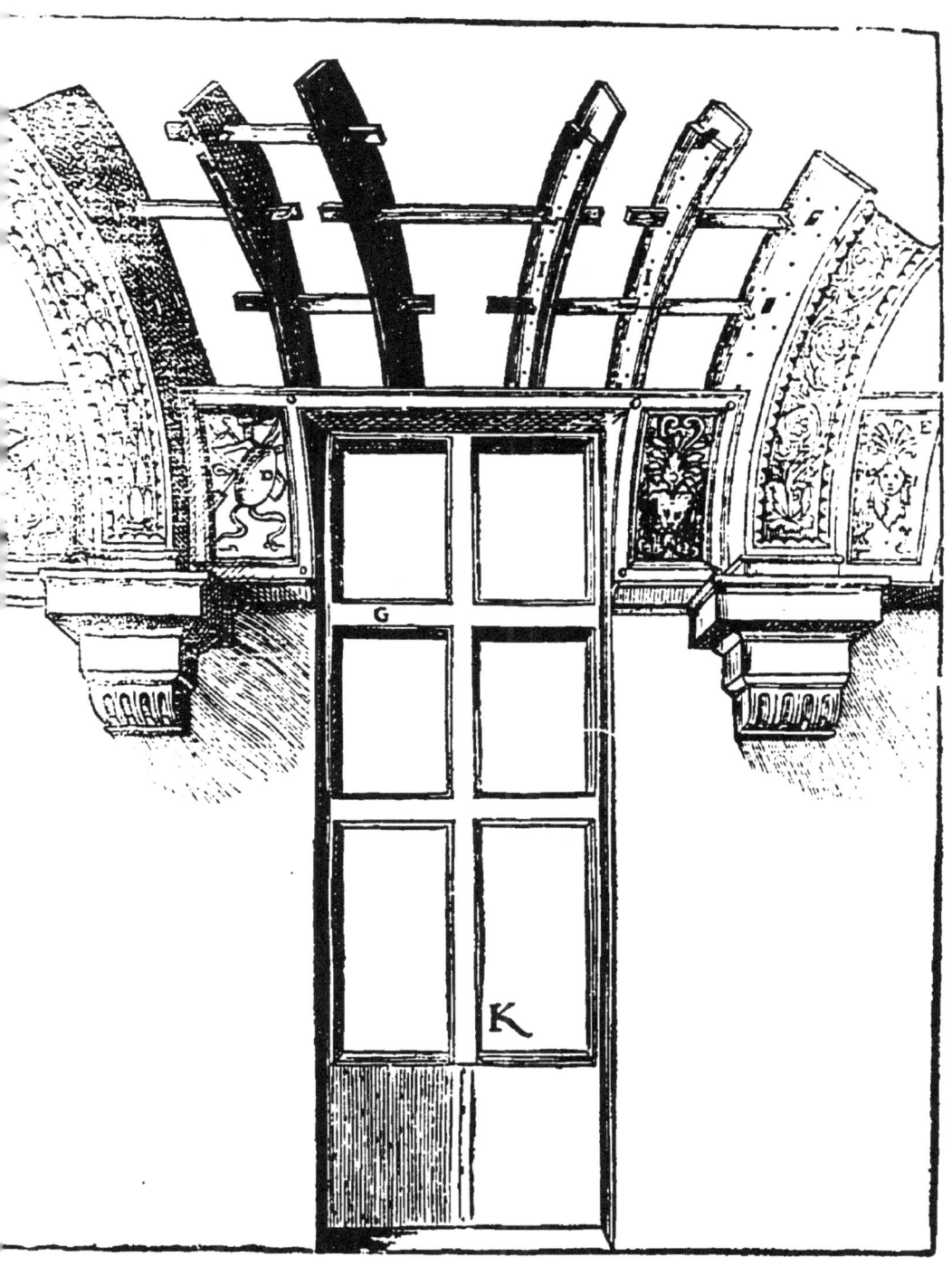

*Aduertissement des dangers qui peuuent aduenir, à cause de la fa-*
*çon des planchers quarrez, pour les lambriz que les Sei-*
*gneurs y font mettre. Et de l'experience que i'en*
*ay euë, au grand danger des Princes,*
*Seigneurs, & autres.*

### CHAPITRE XII.

Perilz & dã
gers pour
façõ des plã
chers quar
rez.

E ne veux icy faillir d'aduertir un chacun des perilz
& dangers qui aduiennent aux bastiments à cause de
la façon des planchers quarrez, ainsi que i'en fis faire à
Annet maugré moy, pource qu'il m'estoit commandé. Pareillemét à la chambre du Roy qui est au pauillon sur l'estang à Fontainebleau: ou i'ay faict faire
aussi un petit cabinet tout aupres sur la terrasse, qui a fort bonne grace.
Mais ie ne me trouueray iamais soubz planchers quarrez ou droictz,
ausquelz y ait lambriz de menuiserie, que ie n'aie peur, pour le grãd dã-
ger & l'experience que i'en ay ueu. Car outre la grande charge & poi-
sãteur qu'il y a, & la peine que lesdicts lambriz donnent aux poutres

Incõueni
uenants
lambriz,
les causes.

& soliues, pour la grãde multitude des pieces qu'il y faut, lesquelles ne
se montrét en œuure soubz telle quãtité, qu'elles font estans desassem-
blees, ilz font tout incontinent arener & affaisser lesdictes poutres, &
font soudain corrompues, pour estre entaillees par le milieu & aux costez, à fin d'y assembler & tenir telz lambriz. Outre ce il aduient quelque fois que les crampons & viz de fer qui les tiennent, se récontrent
sur quelque neud de bois, ou quelque piece qui est eschauffee, fendue,
ou aiant beaucoup d'aulbours ou pourritures, qui est cause que le lam-

Autres cau
sis d'ou ui
nent incõ
nients par
briz.

briz n'est asseuré. Autres incõueniens peuuét aduenir pour le bois qui
aura esté mis uerd en œuure, ou pour n'auoir point d'air, qui faict qu'il
se pourroit eschauffer de soymesme incontinent: ou bien pour auoir
esté abreué d'eauë, qui auroit pourry le dedans de la poutre, ou pour
autre incommodité qui y peut suruenir & s'y rencontrer. Comme i'ay
veu par experience en diuers lieux: & ntre autres audict pauillon de
Fontainebleau, qui est sur l'estang, comme i'ay aduerty cy deuant, &
n'ay crainte d'en faire reditte pour la grande importance que c'est, à fin
de se garder d'inconuenient. Et aussi aux poutres qui estoient en la salle, couuerte de telz lambriz: lesquelles se trouuerent toutes pourries,
sans qu'on le peust cognoistre, pour estre cachees desdicts lambriz. De
sorte qu'aucunes fussent tombees sans les moulures d'Estuc qui faisoient quelques ornements au long des murailles, & les entretenoient,
estunts si fort gastees, que quand il les falloit descendre, elles ne pouuoient si bien tenir au cable de l'engin, qu'elles ne tombassent par pie-

ces. Ie m'affeure que fi elles fuffent tombees d'elles mefmes elles euffent mis le pauillon par terre, pour le grand branle & coup qu'elle luy
euffent dóné. Ioinct que la maçónerie dudict pauillon ne uaut gueres.
I'ay bien uoulu declarer tout cecy pour le grand danger qui eft à telz
lambriz quarrez, uenants d'une trefmauuaife inuention. Et auffi à fin
que lon prenne garde qu'il n'en aduienne mal aux perfonnes : & que
ceux qui en uoudront faire deformais y penfent. I'ay ueu fouuent les
Princes & Seigneurs en trefgrãds perilz par chofes femblables : & n'euft
efté la diligence que i'y prenois, ilz l'euffent peu aperceuoir.

pauillon de
Fontaine-
beau.

*Des maladies, qui aduiennent au bois qu'on met en œuure. Auffi
quelle chofe on dois faire pour longuement conferuer les
poutres & foliues faictes de pieces, comme
tout autre bois, à fin qu'il ne fe
pourriffe foudain.*

CHAPITRE. XIII.

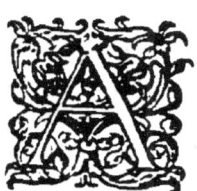A FIN qu'un chacun ouurier face bien fon deuoir, &
ferue les Seigneurs tres fidelement, ie ne ueux faillir
icy monftrer tout ce dont ie me pourray aduifer
pour l'utilité & profit de tous. Et pour autant qu'il
faut cognoiftre la maladie & fes caufes deuant qu'y
donner les remedes, i'efcriray tout premierement les
caufes des maladies & corruptions du bois, à fin de plus facilement y
trouuer & ordonner remedes propres & idoines. Tous bois fe gaftent
(encores qu'ilz foient de bonne nature) filz ne font couppez en la
faifon qu'il faut, comme i'ay efcrit au premier & fecond chapitres du
liure precedent. Il aduient fouuent que les marchans les font couper
incontinent qu'ilz les ont acheptez, à leur commodité & à l'aduéture,
n'aians autre regard qu'en tirer l'argent qu'ilz defirent. Et pource aduient quelquefois que le bois eft debité par les ouuriers eftant encores tout uerd, ou abreué d'eaue, ou bien aiant quelques neuds pareillement abreuez, uoire iufques au cueur, qui gafte les pieces qui en
font mifes en œuure. Il fe cognoift auffi eftre malade par dedans pour
les rongnes ou mouffes qu'il iecte par dehors, comme fi c'eftoient
champignons ou moufferons. Il a auffi un autre mal pour eftre ef-
chauffé, & lors il deuient comme tout pouilleux, aiant plufieurs petites taches blanches, noires, ou rouffes, ainfi que pourritures. D'ailleurs
luy aduient un certain mal & corruption de l'Aubour, principalemét
quand il eft affemblé contre un autre. Il fe gafté auffi, & fe fend tout au
trauers pour le hafle, & faict à force iarfures. Et fouuentefois quand

bonne chofe
fe uouloit
aider au pro-
fit public.

caufes de la
corruption
du bois.

on

on achepte ledict bois, foit en grandes pieces ou petites, cela ne fe
monftre point: mais bien incontinent apres qu'il eft mis en œuure,
faute d'eftre employé comme il doit. Quand aux remedes pour les
conferuer en œuure, apres auoir choifi le meilleur (car feroit folie le
cognoiffant mauuais le uouloir employer) il feroit profitable qu'entre
les aix, ou pieces qui font l'une contre l'autre, y euft de petites lattes entre deux, à fin que le uent & l'air y puiffent paffer: tant peu que ce foit,
fera affez. Car ie crains que lefdicts aix, ou pieces eftans l'une contre
l'autre, pour n'eftre encores bien feiches, n'aient quelque humidité:
qui feroit caufe de les efchauffer, s'il n'y a difflation ou euentement,
dont pourroit furuenir pourriture & corruption. Iaçoit que ie n'aye
veu encores cela aduenir, si eft-il fort à craindre. De forte que i'ay
toufiours commandé aux ouuriers d'ainfi faire, & y prendre bien
garde, combien qu'ilz ne l'aient faict par tout: car faudroit toufiours
eftre pres d'eux. Quand ilz auront ueu l'experience du mal qui
en aduient, ilz feront plus foigneux de bien feruir & d'y entendre
plus curieufement. Il feroit encores beaucoup meilleur, qui uoudroit auoir la curiofité de bien faire, mettre entre lefdictz aix ou
pieces de bois, audroict des cheuilles qui les entretiennent, de petites boucles, ou annelets de cuyure, quafi comme ceux des rideaux
des licts, pour y faire quelque feparation, à fin que le uent y puiffe penetrer. Seroit affez quand ladicte feparation, & entre-ouuer-
ture auroit l'efpoiffeur d'un tefton, ou moins, iamais le bois ne f'ef-
chaufferoit, & fe conferueroit longues annees. Auffi il faut qu'à voz
poutres & foliues eftans lambriffees de quelques ornements (comme uous pouuez uoir en la figure cy deuant, aux endroits marquez
A B C D E F) uous laifiiez quelques petits trous par cy par là, qui ne fe
monftreront point du gros d'un bien petit poix, à fin que le uent aille
par tout le dedans des poutres, & lambriz des foliues. Le bois qui fera
de bonne nature, bien affaifonné & fans aucune humidité, eftant bien
fec, n'a que faire de tant grande obferuation & curiofité, si eft-ce que
meilleur eft le faire ainfi, car il ne fe fçauroit efchauffer n'endómager
eftant en œuure. D'ailleurs regardez fur tout quád uous mettrez uoz
plattes-formes, poutres & autres fortes de bois, qu'elles ne touchét le
mortier, ny le plaftre: car cela faict efchauffer le bois, & le pourrift. Il
les uous faut doncques maçonner tout autour, de terre d'argille auec
des tuilleaux ou brique, & qu'il f'en faille demy pied qu'elles ne touchent la maçonnerie faicte de mortier de chaux. Qui ne pourra trouuer d'argille, tuilleaux ou brique, il faut mettre autour, du bois & des
fueilles de fougere en quantité: cela conferue fort le bois & le defend
de pourriture. Sera auffi fort bon de faire au bout des poutres dedans
le mur une petite efpace ou uoute toute vuide & creufe (tout ainfi có-

Propos phi-
lofophique
& digne de
noter.

Experience
maiftreffe
des folz &
ignorants.

Petits trou
aux poutres
& foliues
lambriffees.

L

me un petit trou ou se mettent les pigeons entrât par le dehors dedäs les murs)& au droict de ladicte espace ou uoute faire un petit trou du gros d'un pois, par ou entrera un air ou petit uent, qui refraichira le bois, & entretiendra la poutre & le lambriz, de sorte qu'ilz ne se pourriront ne gasteront de longues annees, côme le bois lambrissé, qu'on a accoustumé faire, qui par faute d'air, s'eschauffe, dôt apres uiêt pourriture. Si uous obseruez ce que dessus, & dônez ainsi air, principalement par le plat, & par les costez de uostre bois (car de bout en bout n'y a point de danger pour la force naturelle qu'il a en soy) il se conseruera tres lôguemêt. Par ainsi uous uoiez que ceste nouuelle façon & inuention a un tres grand aduantage & profit, au pris de l'ancienne. Car si quelque piece de bois se gaste ou se pourrist, uous la pouuez oster & remettre tout incontinept s'il uous plaist, sans rien abbatre ne demolir, comme il se faict aux autres charpenteries. Et encores quäd le maistre de la maison seroit paresseux d'y prendre garde, s'il y a de pourry & gasté la quarte partie, ou la tierce, il ne faut craindre qu'il en uienne faute pour les liaisons & assemblages qui sont les uns auec les autres. Si est-ce que ie conseilleray tousiours n'attendre iamais telle necesité, & ne laisser rien deperir ne gaster, ains refaire incontinent ce qui sera interessé. Car pour un grand blanc qu'il uous cousteroit auiourd'huy, d'icy à un an il uous en coustera trois. De sorte que plus attendrez plus y despendrez. Sera doncques tresbon que de six ans en six ans, ou de dix ans en dix ans, faisïez uisiter uostre maison, si plus souuent ne le uoulez faire, comme font les bons mesnagers. Ce sera la iournee d'un homme, qui auec une eschelle pourra oster & remettre les panneaux, ou pieces pour uoir le dedans des charpenteries, sans faire eschaffaut, ny auoir engin pour y besongner, à cause des pieces qui sont fort legeres & aisees à manier.

*Comme on se peut seruir en diuerses sortes de ceste Inuention nouuelle, & de la commodité, profit & grand espargne qui en peut reuenir, auec un sommaire & recapitulation de plusieurs choses reprinses de tout ce present œuure.*

## CHAPITRE XIIII.

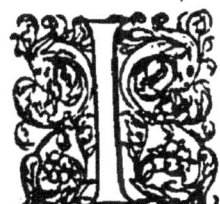E trouue une infinité de profitz, espargnes & commoditez, lesquelles prouiendront de ceste nouuelle Inuention.

Le premier profit est, qu'il ne sera plus besoing de bastir les murailles si grosses comme aucuns ont coustume de faire: laquelle chose rendra

---

*Marginal notes (left column):*

Esuentemêt & difflation tresutile.

La presente Inuention auoir plus de profit que l'ancienne façon.

Dilation & attente perilleuse aux bastimentz.

Premier profit prouenät de ceste nouuelle Inuention.

les logis fort plaiſants, beaux & aggreables. Qui ne uoid, ie uous prie,
les maiſons ou ſont murailles de grande eſpoiſſeur, eſtre ſi melancholiques (outre la deſpéſe qui y eſt ſuperflue) qu'elles ſemblent pluſtoſt
priſons que maiſons pour habiter & conſeruer ſa ſanté. Veritablemét
telles habitations ne ſont ſi ſaines, que celles qui ſerót faictes des groſ-
ſeurs de murs dont i'ay parlé cy deuant, & eſcriray plus au long quelque iour, ſi Dieu le ueut permettre.

Le ſecond profit de ceſte Inuention eſt, qu'il ne faudra plus mettre     Second prꝰ
ſit uenant
la preſent
Inuention
de fer, ou ferrures aux charpenteries, comme lon a de couſtume : qui
emporte une deſpenſe tres exceſſiue, ainſi que i'ay ueu : principalemét
quand les œuures ſont conduictes par hommes qui ne ſont naiz à cô-
mander, & le plus ſouuent ne ſçauent la fin de ce qu'ilz font, ſe con-
fiants par trop à la force des ferrures.

Le troiſieſme profit eſt, qu'il ne faudra plus qu'achepter bois de
toutes ſortes de petites pieces, ſans ſaider de grandes pannes, ſablieres,
poutres, cheurons, pouſteaux, & autres ſortes, pour leſquelles il faut
employer de grands arbres, qui ſont en ce païs fort rares, & n'en auons
à faire en noſtre preſente Inuention : parquoy elle eſt d'une tres grande eſpargne, & telle que tant plus l'œuure ſera de grande entreprinſe,
tant plus y ſera l'eſpargne cogneüe, au regard de ce qu'on faict main-
tenant. Le tout ſelon la commodité du païs, ou lon baſtiſt. Ce que
i'ay cogneu par experience au grãd comble du chaſteau de la Muette
de ſainct Germain en Laye, dont i'ay parlé cy deuant, qui a ſoixante
piedz de large dedans œuure, ainſi que i'ay dict. Car qui l'euſt faict
comme lon a de couſtume, il y euſt eſté plus employé de bois dix fois
qu'il n'y a.

Le quatrieſine profit eſt en l'eſpargne de grãdes uoitures, cordages,     Quatrieſi
profit de
preſente I
uention.
engins, eſchaffauts, & beaucoup de temps qu'il faut par neceſſité perdre, pour le recouurement de tant grandes pieces qu'il eſt beſoing de
recouurer pour la uieille façon. Ie dy d'auantage qu'au lieu ou lon
met un an à faire la charpenterie commune, celle de noſtre Inuention
pourra eſtre faicte en ſix ſeptmaines, ou deux mois pour le plus, eſtant
le bois tout preſt.

La cinquieſme commodité & eſpargne prouenant de noſtredicte
Inuétion eſt aux ferrures & ferremèts, deſquelz elle n'a beſoing côme
les grands baſtiments du iourd'huy. Leſquelz ſi uous conſiderez dili-
gémént, combien y trouuerez uous de ſortes d'anchres & barreaux de
fer pour retenir les murailles ? combien de ferrures, de grãds gouions,
grandes cheuilles de fer, accompagnees de pluſieurs grandes barres
pour ſouſtenir & entretenir les charpenteries ? Ie croy ueritablement
que telles ferrures aux grands baſtiments ne ſont gueres de moindre
deſpenſe & fraiz que tout le bois de noſtre nouuelle Inuention, à la-

quelle ne faut un seul clou.

La sixiesme commodité est en l'espargne de l'ardoise, parautāt que

sesme cō
dité de la
lente In-
tion.

dessus noz couuertures rondes, il n'entre pas quasi la moitié de ce qu'il
faut aux grandes couuertures anciennes, poinctues & pyramidales. Il
est bien vray que la façon de mettre ladicte ardoise en œuure coustera
d'auantage, pource qu'au lieu ou communement on ne met qu'un
clou à chacune ardoise, ie uoudrois qu'on en mist trois, car la couuerture en est beaucoup meilleure & de plus grande durée. Ie ne sçay hō-

nde di-
ité & es-
gne en-
les couu-
ures de
e Inuen-
& les
iennes.

me de bon entendement qui ne iuge qu'un bastiment couuert par nostre façon & Inuention, durera plustost cinq cens ans, que celuy qui
est couuert à la façon accoustumee cēt, pour n'estre tant agité des uēts
à cause de sa forme & figure, & aussi pour les murailles qui ne sont
trop chargees n'y poussees en dehors, comme celles des grands combles du iourd'huy qui le plus souuent iettent les murs par terre , s'ilz ne
sont retenus à force de liaisons de fer auec la charpenterie. Ie diray
d'auantage, c'est qu'aux lieux ou l'on ne trouueroit tuille, ou ardoise
pour faire les couuertures de nostre Inuention, elle est si propre & si
forte qu'on la peut couurir de pierre platte, comme liaiz ou sembla-

uertu-
de pierre
te.

ble : sans qu'il faille craindre qu'il en uienne faute. Ie ne vueil oblier
icy escrire, que celuy qui sçaura bien donner les proportions & mesures, & entendra les symmetries d'Architecture, commençant par
nostre Inuention un bastiment neuf, il luy donnera plus de beauté, de
commodité, de grace & decoration une infinité de fois, qu'il n'y a
à ceux qui se font auiourd'huy, & n'est possible ce me semble pouuoir exprimer le grād profit qu'en aduiendra, & plaisir qu'il y aura, au
pris de ceux qu'on uoid à present.

La septieme cōmodité & espargne uenāt de nostredicte Inuention

sesme
modité
pargne.

est aux poutres . Lesquelles on pourra faire, non de gros bois & grands
arbres, comme on faict, ains de trois, quatre, ou cinq cens pieces de pe
tit bois, ainsi que nous auons escrit cy deuant. Encores un bon mesna-
ge se fera, c'est qu'aux chasteaux & uieilles maisons, ou les poutres &
soliues sont en partie rōpues, en partie pourries, & pour ce delaissees à
refaire (comme aussi pour la trop grande despēse qu'il y faudroit, ou
bien par faute de ne pouuoir recouurer pieces de bois autant grandes
qu'il est requis) aisément & facilement pourront estre refaictes par ceste nouuelle Inuention, pourueu qu'on y puisse prēdre ou trouuer seulement la tierce partie du bois qui soit bonne & ualable : car la mettant
par petites pieces en œuure, comme i'ay enseigné cy deuant, on refera
tout de neuf lesdictes poutres & soliues auec peu de despense. Et dure-
ront, peut estre beaucoup plus que celles qui premierement auoient
seruy. Autant pourra l'on faire de l'ardoise ou tuille : car s'il s'en trouue
la moitié de reste qui soit bonne, il y en aura assez pour satisfaire à re-

couurir de neuf l'edifice gasté. Qui pourroit aussi estre tel qu'on y
trouueroit assez de fer & ferrures pour paier la façon de tout, ou bien
la plus grande partie, selon nostredicte Inuention nouuelle.

Laquelle peut aussi apporter pour sa huictiesme commodité un
grandissime profit, & espargne indicible à la construction d'un grand
temple, auditoire, maison de ville, palais, halle, hospital, ou bastiment
semblable. Lequel doit estre autant ample & spacieux, qu'une Basilique, pour la multitude du peuple qui s'y doit assembler. Pour lesquelz
bastiments l'on n'aura plus que faire de dresser si grosses murailles, ne
faire si grands piliers & arcz-boutans pour soustenir les hauteurs des
grands murs, & poisanteurs de la charpenterie, laquelle on a accoustumé d'y mettre si gráde & excessiue, qu'elle semble à uoir une forest ou
grand bois plustost qu'autre chose. Ce qui n'aduiét, & n'est aussi necessaire ou requis à nostre presente Inuention : pour laquelle ne faut tant
de choses, ne si grádes hauteurs de murs. Et ne faut oblier que la charpenterie y estant fort legere, portera son lambriz, tout d'une uenue, a-
uec peu de despense, & sans aucunes ferrures, comme i'ay dict.

Huictiesme
commodité
profit & es-
pargne.

Piliers &
arcz-boutás
n'estre icy
necessaires.

Le neuuieme profit qu'on tirera, est tant pour l'entretenement, des
ponts, que pour faire les cintres à porter la maçonnerie pour les repa-
rer & edifier de neuf. Car les frais & despenses n'y seront si excessiues
qu'elles sont de present, & ont esté. Cóme on uoid tant, à ceux de Paris
que d'autres lieux en Fráce, au grand dómage & despense excessiue du
Roy, & de son peuple. Et pour autres causes qui seroient fort lógues,
si ie les uoulois escrire, ainsi que ie les ay cogneues. Qu'on regarde seulement cóbien coustent les cintres à porter les arcz de maçonnerie que
lon faict pour les pós, ou se mettét tant de poutres & grosses pieces de
bois à trauers çà & là, pour faire les liaisons, que i'ay ueu quelque fois
quand la riuiere croissoit, qu'il failloit qu'elle passast ailleurs, pour l'é-
peschemét de l'arche qui estoit toute pleine de cintres, & alloit de si grá
de vehemécce, qu'elle esbráloit quasi toutes les maçóneries qui auoient
esté faictes de neuf. Laquelle chose on pourra euiter par ceste Inuétió
& faire autrement sans oster le cours de l'eaue, & n'vsant de si grand
amas de long & gros bois. Car il n'y faudra point de plus grádes pieces
que de cinq ou six piedz de longueur, & de deux ou trois pouces d'espoisseur. Desquelles se faict une arche qui se peut aisémét oster quand
la maçonnerie est faicte, sans rien gaster le bois, qui sera bon pour seruir ailleurs à choses semblables. Et ou lon n'en auroit plus à faire pour
seruir de cintres, on le pourroit accómoder à couurir maisons, ou faire poutres, en retaillant les ioincts & leur rondeur. Brief icy ne se perd
aucun bois, comme il se faict aux autres charpéteries, pour les grandes
mortaises & entail qu'on a accoustumé d'y faire.

Neuuiesme
profit & uti-
lité de ceste
Inuention.

Grandes des
penses estre
faictes pour
les ponts.

Ponts faciles
à faire par
cest Inuen-
tion & auec
peu de fraiz

La dixiesme commodité est que celuy qui uoudroit faire bastir une

maiſon à deux eſtages, n'auroit beſoing de faire ſes murailles que de la
hauteur d'un eſtage, & enuiron trois pieds par deſſus la hauteur du pre
mier plancher. Pour ce que dedans le comble & couuerture ſe trouue
ront de fort belles chambres ou ſalles, uoire beaucoup plus que celles
de deſſoubs. Il peut bien eſtre qu'aucuns diront que l'eſtage de deſſus

biection
Spaigne
à reſpon-
ort pro-

ſeroit trop chaud ou trop froid, ſelō la ſaiſon, pour eſtre ſi pres de l'ardoiſe. Pour y obuier & remedier, il ne le faut que lambriſſer de plaſtre,
ou de terre, ou biē de menuiſerie, qui eſt fort aiſé. Quoy que ſoit, le dedās des cōbles ſert fort cōmodément à pluſieurs choſes, ce que ne font
tous les autres accouſtumez. On peut de ceſte Inuention tirer de grāds
profits en autres pluſieurs ſortes, leſquelles pour le preſent ie n'eſcriray,
car auſſi n'en eſt il beſoing. Et laiſſeray à mōſtrer pluſieurs autres façons dependentes de ladicte inuention, comme pour faire ponts tous

ſes qui
euuet ſai
par ceſte
ention.

d'une arche, ſil eſt beſoing de la largeur d'une grande riuiere aiant
cent toiſes de large plus ou moins, faire moulins, inſtrumēts à monter
l'eaue, eſcaliers, & uiz pour baſtiments, ou il y auroit neceſſité de pierres, & pluſieurs autres choſes utiles, tant pour l'Architecture, que pour
l'art militaire, ſoit pour conſeruer places, ou bien pour les battre, prendre ou gaigner. Mais uoirement ie m'aduiſe que donnant & publiant
ceſte mienne nouuelle Inuention, qui eſt ſeulement une petite partie
de ce grandiſſime & excellentiſſime corps d'Architecture, ie ſeray du

e ſimili-
e & ſort
a accom-
dec.

tout ueu ſemblable à un Orateur, lequel uoulant decorer & publier
les ſingularitez & excellences de quelque grand Royaume, pour la
decoration d'iceluy ſeulement il celebre & deſcrit une de ſes uilles : qui
eſt une fort petite choſe au regard de tout le corps dudict Royaume,
autrement parfaict, grand, & bien accompaigné de toutes ſes perfe-
ctions & excellences. Les cauſes & raiſons qui m'ont incité & preſ-
que contrainct d'ainſi faire & commencer, ont eſté propoſees à l'epi-
ſtre au lecteur, & certains autres lieux du preſent œuure. Qui me donnera occaſion de ne m'en excuſer icy autrement, à fin que ie ne ſois par

quſe re-
ition cō-
adre en-
i.

trop prolixe, & uſant de frequente repetition trop moleſte à ceux qui
iuſques icy m'ont attentiuement, & de leur bonté, gracieuſement eſ-
couté. Leſquelz ie prie uouloir receuoir ce mien preſent labeur d'autant bon cueur que ie le preſente & communique. Ce faiſant ilz me
donneront courage de brief accomplir ma promeſſe : qui eſt de mettre en lumiere le uray art d'Architecture, accompagné & illuſtré de
toutes ſes parties, ainſi que le Seigneur Dieu m'en donnera la grace. Qui eſt l'Auteur de toutes choſes, & ſçait diſtribuer les ſcien-
ces ainſi qu'il luy plaiſt : parquoy à luy ſeul en ſoit tout honneur &
louange.

# FIN DV SECOND ET DERNIER LIVRE

des nouuelles Inuentions pour bien baſtir, trouuees
par M. PHILIBERT DE LORME Lyon-
nois, Architecte, Conſeiller & Aulmonier ordinaire du Roy Henry,
& Abbé de Sainct Eloy
lez Noyon.

## AD ZOILVM.

*Zoile, ſi quid habes melius, uel rectius, ecia,*
*Candidus imperti: ſi minùs, iſta feras.*
*Hoc lex, hoc pietas, hoc vult Deus, omnia non dans*
*Omnibus, inſigni pro bonitate ſua.*

Λ. ΜΙΤΙΟΕΙ.ΟΜΕΕ.

# SOMMAIRE DE TOVT CE QVI EST CON-

tenu au present œuure des nouuelles Inuentions pour bien
bastir. La lettre a, apres les nombres signifie la
premiere page, & b, la seconde.

## Premier liure.

M

# TABLE.

# TABLE.

## SOMMAIRE DV SECOND LIVRE.

M ij

# TABLE.

Fin de ce qui est en brief contenu au present œuure.

## QVELQVES FAVTES A CORRIGER.

Fueillet 9. au commencement ou il y a, pource qu'ilz portent de bois bout, faut lire de bois
de bout. Au dict fueillet en la figure ou il y a escript liernes de 4, de 6, ou 12, ponces, faut
lire piedz. Fueillet 12. page seconde, ligne 8, ou il y a π s, faut lire π S. Fueillet 26, page
seconde, ligne 15. ou il y a, selon la montre de la Voulte, faut lire, la montee. Fueillet 39
page secōde, ligne 23. ou il y a, & celles qui sont l'anse de panier, un de largeur & un pouce &
demy d'espoisseur, faut lire, celles qui font l'anse de panier, un pied & demy, auecques un pouce
& demy d'espoisseur. Fueillet 43, page seconde, ligne 4. ou il y a, qui pouuoit clorre telles
choses, faut lire, qui pouuoit clouer, &c. Fueillet 48, ligne 28 du chapitre, page premiere,
ou il y a, & conduisent le centre de ladicte poutre, faut lire, conduisent le cintre, &c.

Quelques autres fautes se pourront trouuer, lesquelles seront supportees, & amiablement
corrigees des lecteurs beneuoles.

# EXTRAICT DV PRIVILEGE.

DEFENSES sont faictes à tous imprimeurs & libraires de ce Royaume de n'imprimer, ou faire imprimer, ny expofer en vente ce prefent liure intitulé, Nouuelles Inuentions pour bien baftir, & à petits fraiz, trouuees n'agueres par M. Philibert de Lorme Lyonnois, Architecte, Confeiller & Aulmonier ordinaire du feu Roy Henry, & Abbé de Sainct Eloy, lez Noyon. Et ce, iufques à neuf ans prochainement uenants: à compter du iour & datte de la prefente impreffion, qui fut acheuee le dernier iour de Septembre 1 5 6 1. Sans l'expres uouloir, confentement, congé & permiffion dudict M. Philibert de Lorme. Et ce fur peine de confifcation des liures qu'ilz auront imprimez, dommage & intereft dudict expofant, & d'amende arbitraire. Ainf qu'il eft plus à plein contenu audict priuilege, ottroyé à Sainct Germain en Laye, le quinziefme iour de Septembre. M. D. LXI.

Par le Roy, le Seigneur des Roches Fumee M. des Requeftes ordinaire de l'hoftel, prefent. Signé,

De Laubefpine.

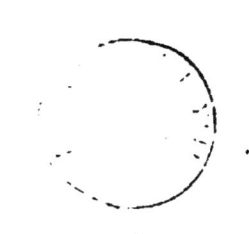

www.ingramcontent.com/pod-product-compliance
Lightning Source LLC
Chambersburg PA
CBHW071556220526
45469CB00003B/1033